財務諸表開示行動と投資者心理

孔　炳龍［著］

創 成 社

まえがき

　会計と心理学とはあまり関係がなさそうに思われますが，本書は，会計学への心理学の影響を企業の経営者の財務諸表開示行動と投資者の投資行動から明らかにしています。企業の経営者は，財務諸表開示行動を実際におこなっているのでしょうか。疑問に思う読者もいることでしょう。しかしながら，直接的であろうと間接的であろうと，また，多くの時間を要しておこなっているのか，単に印鑑を押しているだけなのかを問わず，経営者は企業の財務諸表の作成と開示に責任を有しており，その開示内容の選択をおこなっていると考えられるのです。また，投資者は合理的に投資しているのでしょうか，それとも感情的に投資しているのでしょうか。かような点についても考察しています。

　経営者財務会計行動については，これまでにエイジェンシー理論から試みたものや社会学から考察されているものなどが存在していますが，本書は，主に行動経済学から経営者の財務諸表開示行動を説明するように試みています。

　本書は，筆者が近年研究してきた諸論文に加筆・削減して作成したものであります。したがって，本書は，中央大学の『経理研究』，駿河台大学の『駿河台経済論集』『駿河台大学論叢』『比較法文化』に掲載された諸論文にもとづいているのですが，掲載にあたり快くご快諾いただき感謝している次第であります。

　本書の姉妹書として，拙著『経営者利益予測情報論—包括利益の有用性について—』（森山書店）をあわせて参照していただけると幸甚この上ありません。最後に，本書の出版にあたり，日頃から，筆者の研究と生活の支えになっている妻，呂寅和そして，娘，孔愛利に感謝申し上げます。このような著書を執筆できるのも家族の協力があってのことと思っています。

　令和 5（2023）年 5 月

孔　炳龍

目　次

第 1 章　　　　　プロスペクト理論

1－1. プロスペクト理論の特徴

　本書では，先ず，会計学と心理学の関係を明らかにして，それから経営者の財務諸表開示行動について述べていきますが，そのさいに，最も今日の経済学に心理学の影響を指摘してきた行動経済学についてふれることにします。とりわけ，本章では，行動経済学の中でも最も画期的な内容であるプロスペクト理論について概要を説明しましょう。プロスペクト理論は，Kahneman 及び Tversky によって創出された理論です。

　Kahneman は，次のように述べています。「効用理論では，二つの富の状態の効用を比較することによって利得の効用を評価する。たとえば，100 万ドル持っているときにさらに 500 ドルもらったときの効用は，100 万 500 ドルの効用と 100 万ドルの効用の差になる。また，500 ドル以上持っているときに 500 ドル失うことの負の効用も，やはり両者の効用の差になる。500 ドル損をする負の効用が 500 ドル得をする正の効用より大きい（そういうことはよくある）といった比較はできない[1]」。これは，Kahneman 及び Tversky が，プロスペクト理論を提唱する以前の標準的経済学の効用理論の問題点を指摘しているところです。

　Kahneman は，次のような実験をおこない，その実験結果が，Bernoulli の理論と整合することを指摘しています。「問題 1 あなたはどちらを選びますか？　確実に 900 ドルもらえる。または 90％の確率で 1,000 ドルもらえる。問題 2 あなたはどちらを選びますか？　確実に 900 ドル失う。または 90％の確

率で 1,000 ドル失う。たぶんあなたは大勢の人と同じように，問題 1 ではリスクを回避したことだろう。確実に 900 ドルもらえることの主観的価値は，90％の確率で 1,000 ドルもらえることの主観的価値より大きい。この問題でリスクを回避するのはベルヌーイの理論とも一致する。では問題 2 に移ろう。この問題に対しては，あなたはおそらく大勢の人と同じように，ギャンブルを選んだことだろう。ここでリスク追求に走る理由は，問題 1 でリスク回避的になる理由の裏返しである。900 ドル失うことの負の価値は，90％の確率で 1,000 ドル失うことの負の価値よりも大きい，ということだ[2]」。

　問題 1 では，リスク回避をとる者が，問題 2 ではリスクを愛好しています。まさに，有利な見通しと不利な見通しのときで対照的なリスク態度を観察できたことになります。

　ここで，Kahneman は，次の実験をおこない，Bernoulli の理論の反証をおこなっています。「問題 3 あなたは現在の富に上乗せして 1,000 ドルもらったうえで，次のどちらかを選ぶように言われました。50％の確率で 1,000 ドルもらう，または確実に 500 ドルもらう。問題 4 あなたは現在の富に上乗せして 2,000 ドルもらったうえで，次のどちらかを選ぶように言われました。50％の確率で 1,000 ドル失う，または確実に 500 ドル失う。問題 3 と 4 では最終的な富の状態（ベルヌーイの理論ではこれだけを問題にする）がまったく同じであることを簡単に確かめることができる。どちらの問題でもあなたはまったく同じ二通りの選択肢を与えられており，確実な道を選べばこれまでより 1,500 ドル富が増え，ギャンブルを選べばどちらの問題でも同じ確率で 1,000 ドルまたは 2,000 ドル増える。したがってベルヌーイの理論に従えば，回答者はどちらの問題でも同じものを選ぶはずである[3]」。

　結果は，問題 3 では大方の人が確実なほうを選び，問題 4 では大方の人がギャンブルを選ぶことになり，最終的な富の状態は同じであるにもかかわらず，人々が異なる選好を示しており，Bernoulli の理論の核心部に対する決定的な反証となりました。この場合，「富の効用だけが問題ならば，明らかに同等の問題に対して同じ選択肢を選ばなければおかしい。問題 3 と問題 4 を比べて

みると，選択肢を評価するときの参照点が重要な役割を果たしていることがわかる。問題3の場合にはプラス1,000ドルが参照点になるが，問題4の場合にはプラス2,000ドルが参照点になる。すると問題3の場合には，1,500ドル増えるのは500ドルの利得になるが，問題4の場合には500ドルの損失になる[4]」。

　これら4つの問題は，Bernoulliの理論が単純であり変化の視点が欠落していることを明らかにしています。かような欠落している変数は参照点です。Bernoulliの理論では，富の状態さえわかれば効用を計算できるのに対して，プロスペクト理論では，参照点を知らなければなりません。かようにプロスペクト理論は効用理論よりも複雑なのです。

　Kahnemanは，プロスペクト理論の特徴として3つあげています[5]。

①評価が中立の参照点に対しておこなわれることです。参照点を上回る結果は利得で，参照点を下回る結果は損失になります。

②感応度逓減性。100ドルが200ドルに増えるとありがたみは大きいが，900ドルが1,000ドルに増えてもそこまでありがたみを感じられません。

③損失回避性。損失と利得を直接比較した場合でも，確率で重みをつけた場合でも，損失は利得よりも強く感じられます。

　かような特徴は，次の図表1－1に明らかに表われています。

　「グラフは，プロスペクト理論の旗印とも言うべきものである。グラフは利得と損失の心理的価値を表している。利得と損失は，プロスペクト理論におけ

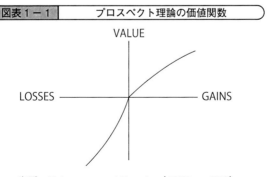

| 図表1－1 | プロスペクト理論の価値関数 |

出所：Kahneman and Tversky（1979, p.279）

る価値の『媒体』である（ベルヌーイの理論では，富の状態が価値の媒体となる）。グラフの中心が中立の参照点で，その右と左とではくっきりと様相が異なる。一目見てわかるのは，グラフがS字形であることだ。このことは，利得，損失いずれについても額が大きくなるほど感応度が逓減することを示している。そしてよく見ると，S字のカーブは左右対称ではない。参照点を境に，グラフの傾きは大幅に変わる。損失に対する感応度は，同じ額の利得に対する感応度よりもはるかに強いのである。これが，損失回避性である[6]」。

1－2．プロスペクト理論とクジの確率ゲーム

次に上田にもとづいてプロスペクト理論を展開していくことにしましょう[7]。標準的経済学では，期待効用理論によって経済人の意思決定行動を説明してきました。合理的期待仮説も，期待効用理論を前提にしています。しかしながら，経済人の意思決定行動を説明するのに，期待効用理論がその行動の全てを説明するものでないことを指摘するものが現れてきました。それはアレイのパラドックスとして知られています。

Kahneman 及び Tversky は，次のようなクジを使った確率ゲームで，これまでにない人間の意思決定行動を説明しています[8]。図表1－2は，クジの確率ゲームを表わしています。

先ず，図表1－2を見ると，AB間においては，Bが多く選好され，CD間においてはCが選択される傾向にあります。しかし，CとDは，それぞれ（A，0.25），（B，0.25）と表わすことができます。もし，最初の状況でBがAよりも選択されるのであれば，任意の確率pに関しても，（B，p）が（A，p）よりも選択されるはずです。ここでそのような選択がおこなわれなかったのは，AからCのように0.8から0.2へ確率が減少したことよりも，BからDのように1.0から0.25へ確率が減少したことが，たとえ減少した比率は同じでも選択に大きな影響を与えたことを意味します。これは被験者の多くが，確率1.00の確実な成果を，相対的により大きく評価する傾向にあることを示し

図表1－2	クジの確率ゲーム	

A：(4,000, 0.8) 20%	B：(3,000) 80%	n＝95
C：(4,000, 0.2) 65%	D：(3,000, 0.25) 35%	n＝95
E：(－4,000, 0.8) 92%	F：(－3,000) 8%	n＝95
G：(4,000, 0.8) 22%	H：(3,000) 78%	n＝141

出所：上田（1997, p.65）

ています。

　次に，図表1－2のEF間の選択は，AB間の選択と対照的です。というのは，EF間の選択は，AB間の選択が利得のクジであるのに対して，損失のクジであるからです。この場合，被験者の多くは，利得のクジとは異なって損失のクジにおいてはリスク志向的な行動をとっています[9]。

　そして最後にGH間のような選択は，全体の25％のみが選択に参加しているものの，そこに付された確率は，実際には0.25を乗ぜられたものです。したがって，GとC，そしてHとDは同じクジといえます。しかし，被験者には異なった選択傾向が表われています[10]。

　プロスペクト理論は，上の図表1－2で表れている人間の意思決定行動を期待効用理論に代わって説明することができます。図表1－1はプロスペクト理論における価値関数です。プロスペクト理論は先ず，参照点によって個々の意思決定者が利得か損失かを分類し，個々の意思決定者が利得に対してはリスク回避的に，そして損失に対してはリスク愛好的に行動することを説明するのです。

1－3．参照点

　先述のように，プロスペクト理論では，価値は，参照点からの変化またはそれとの比較で測られ，絶対的な水準が価値を決定するのではありません。標準的経済学の効用理論は，Bernoulli の効用理論を否定しています[11]。Bernoulliの効用理論では，効用は富の水準で測られています[12]。長期的な合理的行動をするためにはこの仮定は妥当ですが，現実の人間行動からはかなり隔たっています[13]。「たとえば，次のような例を考えてみよう。2 人の人が自分の最近1 ヶ月の金融資産の増減に関する報告を受けた。A は資産が 4,000 万円から3,000 万円に減ったと，B は 1,000 万円から 1,100 万円に増えたと伝えられた。どちらが幸せだろうか？　最終的な富の水準が効用の担い手であるとする標準的理論では A であるが，B だと考える人が多いであろう[14]」。

　かような参照点には，どのような状況で何が参照点となるのでしょうか，参照点の移動はどのような時に生じるのかまたは生じないのでしょうか，また，長期と短期の区別はどうなるのかなど，未解決な課題が残されています[15]。

　NLP ではリフレーミングという概念があります。かようなリフレーミングに参照点を織り交ぜることで，自らの心理的堕ちこみから上昇させることも可能でしょう[16]。

1－4．感応度逓減性[17]

　感応度逓減性は，利得も損失もその値が小さいうちは変化に対して敏感であり，利得や損失の小さな変化が比較的大きな価値の変化をもたらす一方，利得や損失の値が大きくなるに伴い，小さな変化の感応度は減少するという性質です[18]。

　「この性質の正当性は感覚的にわかりやすい。気温が 1 度から 4 度に上がった場合の方が，21 度から 24 度に上昇した場合よりも，同じ 3 度の差であって

も，より温かくなったと感じられるであろう[19]」。

　かような感応度逓減性は，次のような実験でより明らかになります[20]。質問1では，6,000が確率25％で得られることと，4,000が確率25％でかつ2,000が確率25％であることで比較されています。どちらも同じはずでありますが，6,000が25％には被験者の100名のうち，18名だけが選択し，4,000が確率25％でかつ2,000が確率25％である方は82名が選択しています。このことは，感応度逓減をよく表わしているといえます。また，質問2の損失に関しては，-6,000が確率25％と-4,000が確率25％でかつ-2,000が確率25％であることで比較されます。これもどちらも同じはずでありますが，-6,000が25％には被験者の100名のうち，70名だけが選択し，-4,000が確率25％でかつ-2,000が確率25％である方は30名が選択しています。このことも，感応度逓減性をよく表わしているといえます。またこれらの実験から人びとが利得にはリスク回避的である一方，損失にはリスク愛好的であることがわかります[21]。

1－5．損失回避

　損失は，同額の利得よりも強く評価されます。すなわち，同じ額の損失と利得があるならば，その損失がもたらす不満足は同じ額の利得がもたらす満足よりも大きく感じられることを損失回避は意味します。

　たとえば，1,000の確率が50％でかつ-1,000の確率が50％の場合，もし同じ利得と損失の満足と不満足が同じならば，このくじをあまり拒まないでしょう。しかしながら，多くの人々は拒否します。すなわち，同額の損失と利得では損失の方が大きく評価していることを示唆しているのです。

　Kahneman及びTverskyは，同じ大きさの利得と損失の場合，たとえば，1,000の利得と1,000の損失の場合，その絶対値は，損失は利得の2倍から2.5倍も大きいと指摘しています[22]。

1－6．プロスペクト理論の弱点

　ここで，Kahneman によるプロスペクト理論の弱点を紹介しましょう。Kahneman によると，「プロスペクト理論では，参照点を現状とし，その価値はゼロと仮定している。この仮定は合理的に見えるが，実際には不合理な結果に行きつくことがある。次の選択肢をよく吟味してほしい。どんな結果になるだろうか。A 100万回に１回，100万ドルをもらえる。B 90％の確率で12ドルもらえ，10％の確率で何ももらえない。C 90％の確率で100万ドルもらえ，10％の確率で何ももらえない。３通りのギャンブルすべてで，何ももらえないという結果が起こりうる。そしてプロスペクト理論では，この結果に同じ価値を割当てる。すなわち，何ももらえないことが参照点となり，その価値はゼロである。これは，あなたの気持ちと一致するだろうか。もちろん，ノーだ。最初の２つのギャンブルでは，何ももらえないのはちょっとがっかりする程度で，価値がゼロなのは納得できる。ところが３番目のギャンブルで何ももらえなかったら，これは非常にがっかりする。内々に約束されていた昇級と同じで，かなりの額をもらえる可能性が高い場合には，それが新しい仮の参照点になるからだ。このような期待に反して何ももらえないとなれば，大変な損失と感じてしまう。プロスペクト理論は，この事実に対処できない [23]」。

　プロスペクト理論は，ある結果（この場合何ももらえないこと）の確率が非常に低い場合と，非常に高いケースとで結果の価値は変化するが，それを見込んでいません。すなわち，プロスペクト理論は，落胆や失望を斟酌できないのです [24]。

　もう１つの弱点は，プロスペクト理論は，後悔を見込んでいないことです [25]。

　「ある選択問題において選びうる選択肢は個別に独立的に評価され，最も価値の高い選択肢が選ばれることを前提としている。だが次の例を見るとわかるように，おそらくこの前提は正しくない。問題６ 90％の確率で100万ドルもらえるのと，確実に50ドルもらえるのとでは，どちらを選びますか？　問題７ 90％の確率で100万ドルもらえるのと，確実に15万ドルもらえるのとでは，

どちらを選びますか？　どちらの問題でもギャンブルを選んで何ももらえな
かったときの苦痛を考えてみよう。負けたらがっかりするのはどちらも同じだ
が，問題7のほうが苦痛ははるかに大きいと予想できる[26]」。

　すなわち，プロスペクト理論は，かような後悔を見込んでいないのです。

【注】

1) Kahneman（2011, p.278）。
2) Kahneman（2011, pp.279-280）。
3) Kahneman（2011, p.280）。
4) Kahneman（2011, p.280）。
5) Kahneman（2011, p.282）。
6) Kahneman（2011, p.283）。
7) 上田（1997）。
8) Kahneman and Tversky（1979）。
9) このように，利得と損失を境に逆転することは，反転効果と呼ばれます。
10) このような効果を分離効果といいます。
11)「・・・（前略）・・・ベルヌーイは実質的に同じ結論に到達していた。第二に，リスク
　　と効用を効用の期待値として表現した。200年後にフォン・ノイマンとモルゲンシュテル
　　ンが発明する期待効用理論というアイデアの先取りとなったのである」（依田，2010,
　　pp.110-111）。
12)「ベルヌーイは，・・・（中略）・・・賞金が大きくなるほど，1円あたりの満足が小さく
　　なること（限界効用逓減の法則とよばれる）を仮説として提示した。財布にお金がないと
　　きに，道ばたで100円を拾えば嬉しいが，財布に1万円札が何枚もあれば，100円には目
　　もくれないだろう」（依田，2010, p.110）。
13) 友野（2006, p.115）。
14) 友野（2006, pp.115-116）。
15) 友野（2006, p.117）。
16) NLPとは，Neuro Linguistic Programing（神経言語プログラミング）の頭文字から名付
　　けられています。NLPは，1970年初頭，カリフォルニア大学の心理学部の生徒であり数
　　学者だったリチャード・バンドラーと言語学の助教授だったジョン・グリンダーが心理学
　　と言語学の観点から新しく体系化した人間心理とコミュニケーションに関する学問です。

「日本 NLP 協会」「NLP とは」＜ https://www.nlpjapan.org/nlp.html ＞ 2023.4.6 参照。

17）感応度逓減性は，標準的経済学で仮定されている限界効用逓減性と同様の性質であり，利得や損失の限界価値が逓減することを意味します。友野（2006, p.117）。

18）友野（2006, p.117）。

19）友野（2006, pp.117-118）。

20）友野（2006, pp.118-120）。

21）この性質は確率が中くらいから大きいときには成り立ちますが，確率が小さいときには逆に，利得に関してリスク愛好的で損失に関してリスク回避的になります（友野，2006, p.121）。

22）Kahneman and Tversky（1979）。

23）Kahneman（2011, pp.286-287）。

24）Kahneman（2011, p.287）。

25）標準的経済学の効用理論も同様に後悔を見込んでいないので同じ弱点があります。Kahneman（2011, p.287）。

26）Kahneman（2011, pp.287-288）。

第 2 章　メンタル・アカウンティング

　感情の勘定をメンタル・アカウンティングといいます。子供の頃を思い出すと，電気のつけっぱなしなどは極普通にしていたものです。光熱費を払う親の立場にはなかなかなれなかったものです。親に学費を出してもらい大学に通う学生も，学費を払っている親の気持ちに近づくことが難しいせいか，途中でやめてしまうものがいます。小遣い制の我が家では，毎月働いて給料を頂くのは自分でありますが，いったん我が家の通帳に入金された給料は，その時点で我が家のお金に変貌します。その我が家のお金を仕切っているのが家内で，彼女がお小遣いを分配します。あたかも，彼女が我が家のお金の管理者と化しているのです。そして，もらった小遣いは自分のもので，それ以外のお金は，家内と娘の小遣い以外は我が家全体のお金となります。そして不思議なことに，お祝い金や香典などを支払うときも，我が家のお金から支出されるときは，あまり懐の痛みを感じません。一方，たまに小遣いのなかから，家族サービスで外食などするものなら痛みはてきめんです。かような感情の勘定は，行動経済学でよく説明がなされています。

　大江は，メンタル・アカウンティングを心の財布とよび，具体的な事例として，住宅頭金用の積立定期と自動車のオートローンについて述べています[1]。

　住宅頭金用に積み立てている定期預金の 1 年の金利を 0.1％とみなして，一方，自動車のオートローンの 1 年の金利を 2.5％から 4％とみなします。さすれば，200 万円を想定するならば，200 万円 ×（2.5％ － 0.1％）で 48,000 円も年間で損をすることになります。しかしながら，住宅頭金用の積立定期を解約して自動車を全額現金で買うことができません。なぜならば，住宅の頭金を失うとマイホームの夢が遠ざかる気がするからです。しかしながら，1 年で

48,000円の損ならば，5年のローンなならば，20万円近い金利を支払うことになります。

　心の中に「住宅積立勘定」と「自動車購入勘定」という2つのアカウント（財布）があることから，それらが連携していないのです。まさに，合理的に考えるならば，心の中に独立した財布はなく，トータルで考えることによりお得になるほうを選ぶはずです。

　かようなメンタル・アカウンティングは，あぶく銭についてよく述べられています。ギャンブルなどで苦労せずに得られたお金は，仕事をして苦労して得たお金と別の勘定でみてしまいます[2]。同じ1万円でも，苦労して得た1万円はなかなかつかうことができませんが，苦労せずに得た1万円ならば簡単につかってしまうのです。

　大江は，かような観点から，ボーナスによる無駄遣いを防止するために，いったん，ボーナスを全部定期預金に預けることを提案しています。「ボーナス」と「定期預金」という別のアカウントにすることで，無駄遣いを防止するのです。かような場合に，ボーナスは，あぶく銭のように臨時給与として位置付けているのです。

　Thailerは，人々が金銭に関する意思決定をおこなう場合に，様々な要因や選択肢を総合的に評価して合理的に決めるのではなく，比較的狭いフレームを作り，そのフレームにはめ込んで決定をおこなうと主張します[3]。

　友野は，メンタル・アカウンティングは次の3つの要素からなると指摘しています[4]。

①取引や売買の評価の仕方について，プロスペクト理論の考え方に依拠して，富や資産全体が効用を生み出すのではなく，参照点からの変化や損失回避性を重要視します。

②家計簿に記入するときに「食費」「光熱費」「娯楽費」などの項目に分類するのと同様に，取引ごとに心の中で勘定項目を設定し，その中でやりくりして損失（赤字）や余剰（黒字）を計上します。

③それぞれの項目が赤字か黒字かの評価をどのような時間間隔でおこなうか
　　です。つまり評価を1日単位でするのか，1週間なのか1ケ月なのか，あ
　　るいはもっと長期なのかを重視します。

　よく使われる言葉に，明日生きている保障はないのだから，今にお金を費や
すという言葉があります。確かにかような考えもわからなくもありませんが，
それだけでは，様々な問題が生じることでしょう。

　Kahneman は，次のように述べています。「心理会計にも様々な勘定（アカ
ウント）がある。私たちはお金を別々の勘定に仕訳しており，その中には物理
的な勘定もあれば，頭の中だけでの勘定もある。たとえば日々の支出に充てる
現金，とくに目的を定めない貯金，教育費に充当するための貯金，急な病気に
備えた貯金，といった具合に。実際にお金が必要になったとき，どの勘定から
引き出してよいか，あなたの中ではきっちり序列が決まっている[5]」。

　そこで Thaler の初期の論文と同様の次の事例を取り上げています。

　熱心なスポーツファンAとBが，70キロほど離れた町で開催されるバス
ケットボールの試合を観戦する計画を立てました。Aはすでに前売り券を買っ
ています。Bはチケットを買いに行く途中で運よく友達に会い，ただで一枚
譲ってもらいました。さて当日の夜は吹雪になるとの予報が出ています。吹雪
をおしても観戦に行こうとするのは，二人のうちどちらでしょうか？

　答えはAです。なぜなのかメンタル・アカウンティングで説明がつきます。
AとBはそれぞれに試合観戦の勘定を設定していると思われます。試合を見
損なったら，その勘定の収支は赤字になります。チケットの入手方法とは無関
係に，二人ともがっかりすると思われますが，メンタル・アカウンティングで
は，Aの方が，明らかに赤字幅が大きいということになります。

　似たような実験で，Tversky 及び Kahneman は，次のような実験をおこなっ
ています[6]。

（a）当日券が50ドルのコンサート会場でチケットを買おうとしたところ，

　　50ドル札を失くしていたことに気づきました。50ドルを出して当日券
　　を買うでしょうか。
（b）前売り券を50ドルで買ってコンサートに行ったところ，このチケット
　　を失くしたことに気づきました。当日券も50ドルで買えますが，買う
　　でしょうか。

　多くの人は，（a）では，Yesと答えた人が88％で，（b）では46％でありま
した。どちらも，50ドルの価値のあるものを失ったことに違いはありません。
回答が分かれた理由にはメンタル・アカウンティングが影響したと思われま
す。チケットを買うという行動は，娯楽費という勘定項目に含まれています。
（a）のような現金50ドルの紛失は，かような勘定科目の収支には影響しませ
ん。しかしながら，（b）では，同じコンサートに合計100ドルを支払うこと
をメンタル・アカウンティングでは意味しますから，娯楽費としては高すぎた
と感じたと思われるのでしょう。

　大きな出費の一部だと小さく見えることも，メンタル・アカウンティングの
一つです。高額の自動車を買うことや，一軒家を購入したときには，カーナビ
やエアコンなどを気軽に追加購入してしまいます。コンビニやスーパーでレジ
の前に少額のものとして電池などが置いてありつい追加購入してしまうのもこ
の原理です。

　メンタル・アカウンティングには，次のような例もあります。自分がかねて
よりお小遣いをためて高価なスーツを購入したとします。そして，同じ体格の
知り合いが，たまたま，バーゲンで安く新しく買ったスーツが気に入らなく
なったということで，自分にただでくれたとします。それが全く同じスーツで
あったとします。同じスーツなのだから，どちらかを他の人にあげることを考
えます。その時，どちらのスーツを選んで他人にあげるでしょうか。本来なら
ば，どちらも同じなので，明らかに選択に影響しないはずです。しかしなが
ら，メンタル・アカウンティングならば，自分で購入したスーツの方が大切に
思えてくるものです。まさに感情の勘定なのです。

【注】

1）大江（2014，pp.32-36）。

2）Thailer 及び Johnson は，ギャンブルなどで得た「あぶく銭」は普通の収入とは違って また新たなギャンブルに支出される傾向があることを確かめています。Thailer and Johnson（1990）。

3）Thailer（1999）。

4）友野（2006，p.195）。

5）Kahneman（2011，p.343）。

6）Tversky and Kahneman（1981）。

第3章　　フレーミング効果

3－1．アジアの疫病

　会計学と心理学の関係は，前章の感情の勘定のように直接的なものもありますが，経営者の財務諸表開示行動をみることで導き出すこともできます。その1つの重要な効果が行動経済学のフレーミング効果です。フレーミング効果でありますが，それは「論理的に等価の問題であっても，選択肢の表現の仕方や枠組みの違いが選好に影響する現象をフレーミング効果[1]と呼ぶ。例えば，生存率97%という場合と，死亡率3%という場合とでは，心理的には異なる問題となり，意思決定に影響を与える[2]」。たとえば，フレーミング効果の例として，TverskyとKahnemanの「アジアの疫病」という研究があります。そこでは，「600人の命を奪う新たなアジアの疫病の発生を抑える対策が合衆国で練られているとする。疫病を抑える2つの代替案が提示された。この2つのプログラムを実施した結果については正確な科学的推定が次のように行われているとする。プログラムAが採用されれば，200人の命が救われる。プログラムBが採用されれば，1/3の確率で600人の命が救われるが，2/3の確率で誰も助からない。あなたはどちらのプログラムが望ましいと思うか[3]」という実験です。この実験では，「被験者の72%がAを選択し，28%がBを選択した。」という実験結果がでています。

　一方「プログラムCが採用されれば，400人の命が失われる。プログラムDが採用されれば，1/3の確率で誰の命も失われないが，2/3の確率で600人の命が失われる。あなたはどちらのプログラムが望ましいと思うか[4]」という実

験では，プログラムＣを選択したのは22％に過ぎず，78％はプログラムＤを選択しました。この場合，プログラムＣはプログラムＡと同じものであり，プログラムＤとプログラムＢは同じです。しかしながら，プログラムＡとプログラムＢでは救われる命である利得を強調しているのに対して，プログラムＣやプログラムＤは失われる命，つまり損失を強調している点で表現が異なっているのです。

３－２．感情フレーミング

　Kahneman は，同じ内容であっても，問題の提示の仕方や選好に不合理な影響を及ぼす現象をフレーミング効果とよんでいます。

　「たとえば，次の例を考えてみてほしい。10％の確率で95ドルもらえるが，90％の確率で5ドル失うギャンブルをやる気があるか？　10％の確率で100ドルもらえるが，90％の確率で何ももらえないくじの券を5ドルで買う気があるか？[5]」。

　このくじは，表現は異なるが内容は全く同じであります。したがって，合理的経済人ならば，どちらも同じ解答をすると考えられます。しかしながら，実際には，後のくじの方にイエスと答える人が圧倒的に多いです[6]。理由として，Kahneman は，人は費用という言葉よりも損失という言葉により強い嫌悪感をいだくと説明します。

　Kahneman は，同様に，ガソリンのクレジットカード支払いと現金支払いについて，クレジット割増しよりも現金割引を容認する方が楽であることを指摘しています。「人間は割増しを払うより割引を容認するほうがたやすいからだ。両者は経済学的には同じだとしても，感情的には同じではないのである[7]」。

　また，Kahneman は，次のような実験を例として用いています。「第一段階で，被験者はこの実験のための費用を受取ったと想像するよう指示される。この場合には50ドルである。第二段階で，確実な結果かギャンブルのどちらかを選ぶかを質問される。ギャンブルではルーレットのような円盤（白と黒の比が

2対3)を使い，白で止まったら全額（50ドル）をそのままもらえるが，黒で止まったら何ももらえない。一方，確実な結果のほうは，ギャンブルの期待値に等しい金額，すなわち20ドルに設定されている。・・・（中略）・・・客観的な結果はどちらも完全に同じであるから，エコンならどちらのフレーミングに対しても同じ反応をするはずだ。つまり標記の仕方はどうであれ，手堅い人は確実な結果を選ぶし，冒険好きはギャンブルを選ぶ。・・・（中略）・・・判断は客観的事実の縛りを受けず，『もらう』と記述されていれば確実な結果を選び，『失う』と記述されていればその同じ選択肢を退けると予想される[8]」。

3－3．よいフレーミング

　フレームはどれも同じではありません。同じことを表現する（または考える）にしても，よいフレームと悪いフレームがあります。

　Kahnemanは，次のような例を提示します。「1 ある女性が80ドルの芝居のチケットを2枚買った。ところが劇場に着いてバッグを開けるとチケットがない。この女性はチケットを買い直すであろうか？　2 ある女性が芝居を見ようと劇場へ行き，80ドルのチケットを2枚買おうとした。ところがバッグを開けると，チケット代として用意した160ドルがなくなっている。ただし，クレジットカードは持っている。この女性はチケットを買うだろうか？　この問題のどちらか一方だけを見せられた被験者は，フレーミングに応じて考えるため，質問1と2で異なる結論に達する。大半の人は，質問1では買わないだろうと答え，2では買うだろうと答える[9]」。

　どちらがよい結果で，どちらがよいフレーミングかと言えば，Kahnemanによると，「現金をなくした質問2のほうが，妥当な決定に至ったと言えよう。こちらがよいフレーミングなのは，損失はサンクコストであり，サンクコストは無視すべきものだからである[10]」ということになります。過去の経験は問題の判断とは無関係であることから，考えるべきは，目の前にある，買うか買わないかの選択とその結果だけだからです。

３－４．フレーミング効果の諸事例

　フレーミング効果は，政策判断に関して投票やアンケート調査をする場合にも働きます。たとえば，Quattrone 及び Tversky の実験があります[11]。

　（質問）政策 J が採用さると，失業率は 10%，インフレ率は 12% であり，政策 K が採用されると，失業率は 5%，インフレ率は 17% である。どちらの政策が望ましいでしょうか。

　結果は，J が 36% で K は 64% でありました。

　一方，質問の表現を変えて，政策 J が採用されると，雇用率は 90%，インフレ率は 12% であり，政策 K が採用されると，雇用率は 95%，インフレ率が 17% です。どちらの政策が望ましいかとした場合，結果は，J が 54% で K は 46% でありました。

　かような結果は，感応度逓減性によって説明できます。質問１では失業率の改善が結果に大きく影響していると考えられます。また，質問の表現を変えた方は，むしろ，インフレ率の方が結果に大きな影響を与えたと考えられます。

　このほかに，たとえば，貨幣錯覚などがあります。Shafir, Diamond 及び Tversky は，次のような実験をおこないました[12]。

　（質問）A と B は同じ大学を一年違いで卒業し，二人とも同じような会社に入りました。A は，一年目の給与が３万ドルであり，この間インフレはありませんでした。二年目の給与は 2%（600 ドル）上がりました。B は，一年目の給与が３万ドルでありましたが，インフレ率は 4% でした。二年目の給与は 5%（1,500 ドル）上がりました。

　経済的条件について，二年目になった時，どちらが良いかという問に対して，結果は，A が 71% で B は 29% でした。一方，幸福度について，二年目になった時，どちらが幸せかという問に対して，A は 36% で B は 64% でした。また，仕事の魅力について，二年目になった時，どちらも他社からの引き抜きがあり，どちらが今の職を離れて新しい会社に移るだろうかという問に対し

て，A は 65％で B は 35％でした。

　経済的条件では，貨幣錯覚があまり見られない一方，幸福度に関しては，貨幣錯覚が多くに見られ，給与が実績値では小さいにも関わらず，B の方が多くの被験者が幸せと判定しています。また，転職する可能性も，幸福度が反映されており，A の方が多くの被験者が離職の判定をしており，経済的条件と矛盾しています。すなわち，かような実験から，純粋に経済的条件でなされた思考がその面のみ集中している場合には，貨幣錯覚はあまり生じないものの，表現が曖昧になると，名目値を重視する方向に強いバイアスがかかっていることが明らかになっています。

【注】

1）友野によると「フレーミング効果と，初期値の選好，貨幣錯覚の例は，実験者や初期設定をおこなう者など，意思決定者の外部から与えられたフレームが意思決定者の選択を大きく左右することを示している。そこでこのようなフレーミング効果を，受動的フレーミング効果あるいは外的フレーミング効果と呼ぶことができる」（友野，2006，pp.193-194）。なお，「意思決定者が現象を，自分自身で能動的・自発的にあるフレームに押し込んでしまい，それによって選好や選択が支配されることもある。いわば能動的フレーミング効果あるいは内的フレーミング効果である」（友野，2006，p194）。

2）「科学辞典」「フレーミング効果」＜ http://kagaku-jiten.com/cognitive-psychology/higher-cognitive/framing-effect.ht ml ＞参照日 2017.7.7 参照。

3）Tversky and Kahneman（1981，p.453）。

4）Tversky and Kahneman（1981，p.453）。

5）Kahneman（2011，p.364）。

6）Kahneman（2011，p.364）。

7）Kahneman（2011，p.364）。

8）Kahneman（2011，pp.364-365）。

9）Kahneman（2011，p.371）。

10）Kahneman（2011，p.371）。

11）Quattrone and Tversky（1988）。

12）Shafir et al.（1997）。

第**4**章 デフォルト効果（初期設定効果）

4-1. 臓器提供カード

　パソコンに詳しくない筆者などは，パソコンを購入した場合，その初期設定を変更することはまずありません。変更するだけの時間がないだけでなく，変更しようとする気持ちにならないのです。もし，財務諸表のキャッシュ・フロー計算書で初期設定に何らかの方法がとられているとするならば，多くの経営者が，パソコンにおける筆者と同じ気持ちになるのではないでしょうか。かようなデフォルト効果（初期設定効果）は，Johnson 及び Goldstein による実験結果が出ています。

　オランダでは臓器提供者を増やすためにいろいろな努力をしてきましたが，臓器提供の意思のある人の割合は 2003 年でわずか 28% でした。一方，同じヨーロッパでもベルギーでの割合は 98% です。この差はどうして生まれたのでしょうか。ある国の臓器提供カードには「臓器提供プログラムに参加を希望する人はチェックしてください」と書いてあります。かように書かれていると，人はチェックをせずプログラムに参加しません。一方，臓器提供の意思のある人の割合が多い国では「参加を希望しない人はチェックしてください」と書いてあります。この場合でも人はチェックをしないので，プログラムに参加することになります。かように人は判断が難しい選択ではデフォルト（初期設定）を選択する傾向があります。「参加を希望する人はチェックしてください」という書式は「オプトイン方式」と呼ばれ，「参加を希望しない人はチェックしてください」という書式は「オプトアウト方式」といいます。かような選択

肢で人に良い行動をとらせることも悪い行動を取らせることもでき，これを「選択肢の設計」といいます。

　必ずしもそちらに進むように決められているわけではありませんが，別の選択をするより楽です。また，デフォルト（初期設定）は楽だということに加え，デフォルト（初期設定）がお勧めだとみなされることもあります。例えば，ある用紙を渡して「デフォルトはこれである」というと，それに従うのが楽なだけでなく，「この人はその道のプロとしてこれを勧めているのだろう。これがいいに違いない」と思ってしまいます。つまり，楽であり，かつそれを提案されていると被験者は感じるのです。

　図表4−1は，Johnson 及び Goldstein による実験の結果です。オプトイン方式とオプトアウト方式でかように大きな違いが見いだされます。

　かようなデフォルト（初期設定）効果は，現状維持バイアスと密接に関わりがあります。現状維持バイアスとは，友野によると次のようです。「損失回避性から導かれるもう一つの性質が，現状維持バイアスであり，人は現在の状態

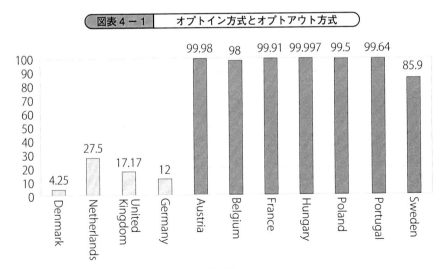

図表4−1　　オプトイン方式とオプトアウト方式

出所：Johnson and Goldstein（2004，p.1715）

（現状）からの移動を回避する傾向にあることを意味する。つまり，現状がとりわけいやな状態でない限り，現状からの変化は，良くなる可能性と悪くなる可能性の両方がある。そこで損失回避的傾向が働けば，現状維持に対する志向が強くなるのである[1]」。

４－２．オプトインメール

　オプトイン方式は，インターネットのホテルの予約サイトやネットでの商品購入にも使用されることがあります。たとえばサイトでホテルを予約すると，次のような確認画面が表示されることがよくあります[2]。

　☑ 当サイトからの案内メールを受取る
　☑ 宿泊施設からの案内メールを受取る

　これは，オプトインメールの受取りに関する表示です。いずれもあらかじめチェックマークがついています。つまり，オプトインメールを受取るというフレームがデフォルト（初期設定）になっているのです。かような戦術は，ホテルの予約に限らずネットでの商品販売やサービス提供ではよくあります。メールが届くことがうっとうしいことから，筆者はかようなチェックマークはできるだけ外すことが多いですが，かように，あらかじめチェックマークがついたフレームを客に提示しているのは，まさに予約サイトによるデフォルト（初期設定）効果を見越したマーケティング戦術の一つであると考えられます。知らず，知らず，デフォルト（初期設定）に同意している場合があることから注意する必要があるでしょう。気づいたら多くのメールが毎日のように配信されていることはよくあることです。

【注】
1）友野（2006, pp.157-158）。
2）ダンフォード（2010, pp.217-218）。

第5章　初頭効果・親近効果

　初頭効果とは，系列位置効果の１つで，リスト形式で提示されたものを記憶するさいに，そのリスト中の位置によって各項目の記憶保持状態に差異がみられることを意味します。比較的前の方に記載があったものをより記憶していることを初頭効果といいます。初頭効果は，複数のものを認知処理する場合に，最初に覚えたり触れたりした情報であればあるほど記憶や印象に残りやすくなる効果を意味します。人は，複数の情報に触れる場合，単純に一つひとつを記憶するのではなく，複数の情報の中での比較や繰返しなどにより記憶すると考えられますが，最初に覚えて触れた情報は，記憶対象として意識の中に登場する回数が多くなるため，長期記憶として残り易いと思われます。Asch は，人物の特徴を a 知的な─器用な─勤勉な─温かい─決断力のある─実際的な─慎重な，と b 知的な─器用な─勤勉な─冷たい─決断力のある─実際的な─慎重な，という形容同語のリストで提示して，どのような情報が印象形成の手がかりになるのか，全体としてどのような印象が形成されるかについて研究しています。この a と b の２組のリストは，「温かい」と「冷たい」だけを入替えたものですが，a の方が良い印象が形成されました。このことは，印象形成において，与えられた各形容詞語は同じ重みをもつのではなく，中心的な役割を果たすものとそうでないものがあることを示しています。また，c 知的な─勤勉な─衝動的な─批判的な─頑固な─嫉妬深い，と d 嫉妬深い─頑固な─批判的な─衝動的な─勤勉な─知的な，という形容同語のリストで提示してどのような情報が印象形成の手がかりになるのか，全体としてどのような印象が形成されるかについても研究しました。結果，最初に提示された情報が全体の印象形成を強く方向づける初頭効果が現われました。図表５－１は初頭効果を明

図表5－1	初頭効果

CHOICE OF FITTING QUALITTES (PERCENTAGES)

	EXPERIMENT VI		EXPERIMENT VII	
	INTELLIGENT ↓ ENVIOUS (N=34)	ENVIOUS ↓ INTELLIGENT (N=24)	INTELLIGENT ↓ EVASIVE (N=46)	EVASIVE ↓ INTELLIGENT (N=53)
1．generous	24	10	42	23
2．wise	18	17	35	19
3．happy	32	5	51	49
4．good-natured	18	0	54	37
5．humorous	52	21	53	29
6．sociable	56	27	50	48
7．popular	35	14	44	39
8．reliable	84	91	96	94
9．important	85	90	77	89
10．humane	36	21	49	46
11．good-looking	74	35	59	53
12．persistent	82	87	94	100
13．serious	97	100	44	100
14．restrained	64	9	91	91
15．altruistic	6	5	32	25
16．imaginative	26	14	37	16
17．strong	94	73	74	96
18．honest	80	79	66	81

出所：Asch（1946, p.271）

確に表わしています。

　合理的な経済人ならば，先に記入されていようと後に記入されていようと大きな差異は生じないと思われます。したがって，経営者が初頭効果を想定して，流動性配列法を採用しているとするならば，経営者は，情報の利用者の中に限定合理性の経済人が少なからず存在し，かような経済人が，初頭効果によって影響されると考えていることになります。

　図表5－2に示されているような曲線を系列位置効果といいます。単語がはじめの方にあったのか，真ん中にあったのか，終わりの方にあったのかにより，思い出せる割合が異なることを表わしています。図表5－2からわかりますように，はじめの方の単語と終わりの方の単語はよく覚えており，真ん中の単語は忘れやすい傾向が見られます。かようにはじめの単語を覚えているのが

図表5−2	系列位置効果

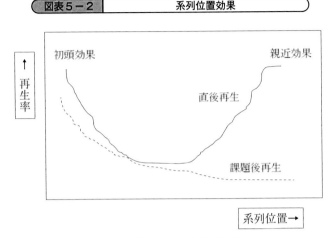

出所：鎌原他（1999, p.5）をもとに筆者が作成

先述の初頭効果です。一方，終わりの単語を覚えているのを親近効果といいます[1]。

　単語を提示した後に，すぐに再生するのではなく，別の妨害課題（たとえば365から3をひく）をしばらくおこなってから，再生すると，再生するまでの時間が長くなることから成績は当然悪化します。しかしながら，すべての位置の単語で同じように悪くなるのではありません。図表5−2の破線に見られるように，初頭効果はほとんど影響を受けない一方，親近効果はなくなっています。つまり，おわりの方の単語の再生だけが悪化しているのです[2]。

　かようなことは，次のように説明できます。妨害課題がなく提示直後に再生をおこなった場合には，系列の終わりの方の単語は短期記憶に存在するためによく再生され，親近効果が生じる一方，妨害課題をおこなうと，その間に短期記憶に存在した単語が失われてしまうことから，親近効果がなくなるのです。系列のはじめの方の単語は，すでに長期記憶に転送されていることから，妨害課題によりあまり影響を受けないのです。

　かような初頭効果が長期記憶になるメカニズムの1つには，リハーサルが関係していると思われます[3]。単語が順番に提示され，それを記憶するように指

示される場合，われわれは，頭の中で単語を繰返し覚えようとします。これを
リハーサルといいます。単語が増えるごとにリハーサルは困難になりますが，
はじめの単語ほどリハーサルされる回数が多いということになり，何度もリ
ハーサルされることにより情報は短期記憶から長期記憶へ転送されるというこ
とです。

　系列位置効果を妨げる要因について，小川他が実験をおこなっています[4]。
彼女らは，系列位置効果を妨げる要因として前述の単純な計算問題とは別に体
制化およびカテゴリーの効果を実験しています。それは体制化およびカテゴ
リーの違いが系列位置効果に影響する可能性があるからです。

　彼女らは，大学生21名（男性9名，女性12名）に対して実験をおこなってい
ます。記名刺激として用いたのは，色を表わす単語と動物を表わす単語それぞ
れ12項目（カテゴリー語）と色および動物のカテゴリーに含まれない単語24項
目（非カテゴリー語）です。実験計画では，独立変数は刺激2（カテゴリー語・非カ
テゴリー語）×系列位置（初頭部，中央部，終末部）の2要因計画です。実験結果
は，次の図表5－3のとおりです。

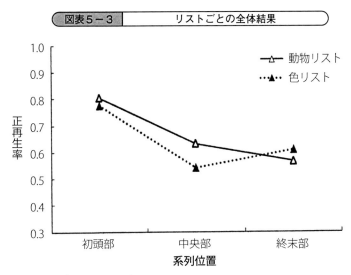

| 図表5－3 | リストごとの全体結果 |

出所：小川（2014, p.151）

　色リストでの正再生率に対する1要因の分散分析の結果，系列位置の効果が有意でありました（F（2，40）＝9.37，p＜.01）。系列位置効果として知られる2つの効果のうち，初頭効果は認められましたが親近効果は認められていません。動物リストでの正再生率に対する1要因分散分析の結果でも，系列位置の効果が有意でありました。ここでも系列位置効果と知られる2つの効果のうち，初頭効果は認められましたが親近効果は認められませんでした。

　かようなことから，小川他の実験からもわかりますように，初頭効果と親近効果が通常，系列位置効果として知られていますが，前述の長期記憶と短期記憶の考察からも示唆されますように，初頭効果は，親近効果に比較して，あまり妨害要因の影響を受けないようです。一方，親近効果は，短期記憶や小川他の実験からも示唆されますように，妨害要因の影響を受けやすいと考えられます。

【注】
1）鎌原他（1999，p.5）。
2）鎌原他（1999，p.6）。
3）鎌原他（1999，p.6）。
4）小川他（2014，p.148）。

第6章　同調効果とスノッブ効果

6-1. 同調効果

　われわれは，集団の中にいると，命令されたわけでもないのに，多数派の行動や態度と同じ方向に自分の行動や意見などを合わせる傾向があります。これを同調効果（conformity effect）といいます。

　同調効果の実験では Asch の実験と Deutsch 及び Gerard の実験が有名です。そこで先ず Asch の同調効果の実験の概略を以下説明することにしましょう。

　Asch は，次の図表6-1に示すような2枚のカードを7～9名の被験者に見せ，左側の標準刺激と同じ長さの線分を，右側の比較刺激の3本の線分の中から選択して，1人ずつ順番に答えさせました。この実験では，最後に回答す

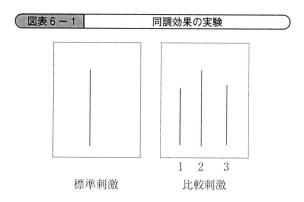

図表6-1　同調効果の実験

標準刺激　　　比較刺激

出所：Asch（1955, p.33）

る被験者のみが真の実験の被験者であり，残りの者はサクラ（実験協力者）です。サクラである実験協力者は，課題 12 試行中 7 試行で，全員同じ誤った回答をおこなうことになっていました。その結果，真の実験の被験者 31 名中で，25 名が少なくとも 1 回は誤答し，12 名が 3 試行以上誤答しました。そして，総判断数 217 回中，多数派に同調した誤答は 72 回（33.2％）になりました。

　なお，この課題は，簡単な課題であり，実験の被験者が 1 人でこの課題をおこなった場合は，175 回中，7.4％だけ誤った回答でした。したがって，実験の被験者は，正解がわかっていたのに，多数の集団が間違ったために同調したと考えられるのです。

　その後，サクラである実験協力者の人数を 3 人にした場合，同調率は最大限に達し，実験協力者をさらに増やしても同調率は増加しないことが明らかになりました。また，サクラである実験協力者が他のサクラの誤答とは別の誤答をする場合には，同調率が減少しました。かようなことから，Asch は，同調効果が生じるのは，多数派の人数の多さではなく，多数派の答えが同一であることにあると示唆しています。Asch の実験結果をみると，50 人の被験者の中で，終始一貫して節をまげなかったものは 13 人で 26％しかいませんでした。あとは，少なくとも 1 回，多いものは 11 回，集団に同調したのです[1]。このような同調効果は，多くの国々で生じています。とりわけ，当該選択に専門的にこだわりがある場合を除いて，多くの人々は，多くのものが選択する解答に同調してしまう傾向があります。

　Deutsch 及び Gerard の実験は，かような同調効果がなぜ生じるかを明らかにしています。Deutsch 及び Gerard は，同調過程に 2 種類の影響力が作用すると指摘しています[2]。

　1 つは規範的影響力で，「ここではどのように行動すべきか」と考えて同調することになります。規範的影響で同調している人は，必ずしも多数派が正しい判断をしていると思っていませんが，多数派と同じ行動をとらないと嫌われると思い，表面的に多数派に合わせている状態です。

　もう 1 つは情報的影響で，これは，正しい判断をおこないたいという動機か

ら，他の集団メンバーの意見や判断を参考にして，自分の判断や行動を多数派
に合わせる場合です。この場合は，同調している人は，多数派の行動や判断が
正しいと思い判断をしていることになります。自分の判断に確信がもてない場
合には，この情報的影響を受けやすいといえます。

　Deutsch 及び Gerard の実験は，誤答をおこなう３人の多数派がいる状況下
で，被験者に線分判断を求める実験をおこないました。この場合，次のような
条件を設定しました。

　①「視覚」試行：被験者が線分の判断をおこなうまで線分が見えています。

　　「記憶」試行：被験者が判断する前に線分が消えます。

　②対面状況：Asch の実験のように被験者が対面で回答する状況

　　匿名状況：サクラである実験協力者と被験者がお互いに見えない状況

　Deutsch 及び Gerard の実験では，視覚試行よりも記憶試行の方が多数派へ
の同調が多く見られ，匿名状況よりも対面状況の方が，同様に同調効果が多く
見られました。

　Deutsch 及び Gerard の実験では，このほかに，明確な集団目標がある場合
には，みなで目標を達成するような強い動機づけがあることから，同調が促進
されることが明らかになっています。また，実験協力者の解答を知る前に自ら
の線分判断を紙に記録することにより自分の判断と他者の誤った判断との不一
致が明確に意識されると同調が少ないことが明らかにされています。

　かような同調効果には様々な要因が関係していると思われますが，初期の実
験では，かような点で不十分な点があります。かような諸要因を明らかにする
には，次のような実験の工夫が必要と思われます。

　末永は，Asch 型の同調効果を扱った架空の実験例をもとに，諸要因を分析
しています。ここでは，サクラの人数と類似性を扱った２要因配置の実験の場
合を想定しています。

		サクラの人数	
		多	少
類似性	大（類似）	A	B
	小（非類似）	C	D

図表6-2　サクラの人数と類似性

出所：末永（1987年，p.79）

　図表6-2のように，2要因配置では，A，B，C，Dの4条件が設定され，被験者は，各条件にランダムに振り分けられます。ここでの従属変数は，サクラの判断に同調した誤反応数です。各独立変数の水準は，いずれも2（「サクラの人数」の多・少，「類似性」の大・小）です。この実験の結果が，仮に図表6-3のようになったとします。すなわち，サクラの人数の多い方が（A条件とC条件）が，少ない場合（B条件とD条件）よりも誤判断数が多いとします。また，サクラと被験者の類似性が大きい方（A条件とB条件）が，小さい場合（C条件とD条件）よりも誤判断数が多いことも明らかになったとします。かような場合，サクラを示していることになります。かような実験の良い点は，主効果に加え

図表6-3　サクラの人数と類似性と誤判断の関係

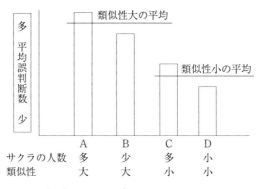

出所：末永（1987，p.80）

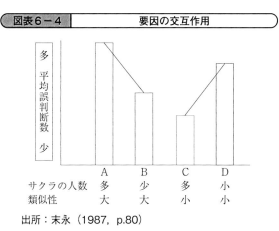

図表6−4　　　　　要因の交互作用

出所：末永（1987, p.80）

て「交互作用の人数」の要因と「類似性」の要因が共に同調行動の生起に効果
をもつことも見ることができる点です。

　かような場合の交互作用効果としては，第一の独立変数の効果が，第二の独
立変数の効果により影響を受けることを意味します。たとえば，図表6−4の
ような結果が出たならば，「サクラの人数」と「類似性」の間には交互作用が
あることになります。すなわち，被験者とサクラの類似性が大の場合（A条件
とB条件）には，サクラの人数が多い方（Aの条件）が少ない方（Bの条件）より
も誤判断が多い一方，被験者とサクラの類似性が小さい場合（C条件とD条件）
には，サクラの人数が少ない方（D条件）が，多い方（C条件）よりも誤判断が
多いです。

　かように同調効果に諸要因が複雑に影響していると推定できるのです。

6−2. スノップ効果

　これまでの行動経済学の実験からわかるように，多数派に対して少数派が存
在しており，逸脱行動をおこなうものがいました[3]。かような効果を表わすも
のに，マーケティングには「スノップ効果」というものがあります。

Leibenstein によると，同じ商品を持っている人が多いほど効用が増加する場合には，「バンドワゴン効果」があると考えられ，逆に効用が低下する場合には，「スノッブ効果」があるといわれます[4]。

　かような「スノッブ効果」には，パーソナル・ネットワークといった人間間の影響が介在していると思われます。ここで重要になるのが，その選択行動において，ネットワーク内でのアイデンティティが存在しているか否かということです。商品の場合，ネットワーク内でアイデンティティを有するものと持たないものがあります。たとえばどのお茶を飲むか，どのチョコレートを食べるかなどがアイデンティティになることはあまりないでしょう。

　何かしらのアイデンティティを有する場合，何かしらの拘りをもつことは考えられます。仮に，多くの人が推奨する方式と異なる方式を採用するといった逸脱行動を被験者がとるならば，そこに何かしらのアイデンティティがあると考えられます。

【注】

1）Asch（1952),（1955)。
2）Deutsch and Gerard（1955)。
3）たとえば，キャッシュ・フロー計算書において，受取利息，受取配当金，支払利息，そして支払配当金の区分について，遠藤によると，2000 年から 2004 年にかけて，金融商品取引法適用会社の中から，任意の 100 社を抽出した場合，第 1 法を採用している会社が 97 社で，2 社は第 2 法を採用し，残る 1 社は，どちらでもない方法を採用していました。遠藤（2010, p.113)。
4）Leibenstein（1952)。

第7章 貸借対照表の流動性配列法と固定性配列法の選択[1]

7-1. 問題提起

　昨今の経済学では，標準的な経済学である新古典派経済学と，新たに，台頭してきている行動経済学が，現代の経済人の経済行動を説明するのに，相補ってきています。経済学に心理学をとりいれた行動経済学は，新古典派経済学で前提としている合理的経済人の経済行動で説明できない部分（たとえば，便益による効用の増加に比べてコストに過剰に効用が減少するプロスペクト理論など）をある程度，補足して説明することに成功してきています。

　ここでとりあげるフレーミング効果，初頭効果，同調効果，スノッブ効果，デフォルト効果（初期設定効果），現状維持バイアスの問題は，合理的経済人の場合には問題にならない内容でありますが，限定合理性の経済人で心理的な影響を受けるものには，大きな問題になることでしょう。

　たとえば，行動経済学のフレーミング効果の問題は，情報内容が同じである一方，その表現の仕方が異なることで，異なる情報効果を生じることを意味します。ここで取り上げる流動性配列法と固定性配列法は，流動資産や流動負債を先に記入するか，固定資産や固定負債を先に記入するかといった記入する順番の問題であり，内容に違いはありません。フレーミング効果の場合，特に注意しなければならないのは，あくまでも情報内容が同じである点です。もし，情報内容が異なっているならば，表現の仕方が異なることとは別に，その結果として情報効果が異なることは当然の帰結になるからです。

　ここでは，行動経済学のフレーミング効果を中心に流動性配列法と固定性配

列法の選択行動を明らかにしていこうと思います。

７－２．財務諸表開示行動

　経営者は，実際に財務諸表の開示行動をおこなっているのか否かについては，よく問題になる点であります。実際には企業の財務部の担当者が財務諸表開示行動をおこなっているとみるものが多いです。しかしながら，財務諸表開示行動の過程の中で多くの時間を割いて決定案を出すのが財務部の責任者だとしても，最終決定を下すのは，やはり経営者ではないでしょうか。ここではかような見解にもとづき，経営者が財務諸表開示行動をおこなうことを想定し，日本の上場企業における経営者の貸借対照表（IFRSでは財政状態計算書という）の流動性配列法と固定性配列法の開示選択について以下考察し，仮説演繹法で説明したいと思います。

　日本の上場企業の経営者の流動性配列法と固定性配列法の開示選択ですが，数値ではでていないものの，多くの企業が流動性配列法を採用していることが指摘されています。

　桜井は次のように述べています。「資産と負債が流動項目と固定項目に分類されると，次にこれらは貸借対照表上に原則として流動性配列法に従って記載される。（企業会計原則・第三・三，財務諸表規則13条）。流動性配列法とは，貸借対照表の項目を流動性の高い順，すなわち資産については換金可能性の高い項目の順，また負債については返済期限の早い項目の順に配列する方法である。・・・（中略）・・・流動性配列法は，企業が流動資産で流動負債を支払う能力を明らかにするのに便利であるから，多くの企業の貸借対照表はこの方法に従って作成されている。他方，固定資産の割合がきわめて高い電力会社などについては，長期的な資金運用形態たる固定資産と，同じく長期的な資金調達源泉たる純資産および固定負債との関係を明らかにするのに，固定性配列法が便利である[2)]」。

　かように，貸借対照表が作成されるようになった歴史的背景から考えます

と，貸借対照表の流動負債と流動資産は，企業の債務弁済能力をみる上で役に
立っていたと考えられます。後述しますが，財務諸表分析で，流動比率のよう
に，流動資産を流動負債で除して比率を求めているのは，伝統的な名残とも考
えられます。しかしながら，現代では，債務弁済能力は，キャッシュ・フロー
計算書をもちいた収支にもとづくインタレストカバレッジレシオなどが財務諸
表分析に登場してきており，キャッシュ・フロー計算書と共に従来に比較し
て，貸借対照表の流動負債と流動資産による債務弁済能力をみる重要性は薄れ
てきているのではないでしょうか。そこで，流動性配列法と固定性配列法を次
に示しましょう。

図表7－1　流動性配列法と固定性配列法

流動性配列法

流動資産	流動負債
	固定負債
固定資産	純資産

固定性配列法

固定資産	純資産
	固定負債
流動資産	流動負債

出所：桜井（2015, p.306）

　この流動性配列法と固定性配列法ですが，表現は異なりますが，内容は同じ
と考えてよいでしょう。しかるならば，ある程度の偏りはあるかもしれません
が，経営者の貸借対照表の流動性配列法と固定性配列法の開示選択行動に，極
端な偏りがみられるのは，合理的経済人を想定した場合，考え難い事実といえ
るでしょう。

　井上は，米国における経営者財務会計行動を説明する1つの概念図として，
Kellyの図表7－2を引用して次のように述べています[3]。「ケリー教授の主張
をいま少しこの角度から考えてみよう。まず，ケリー教授は債務契約，経営者
報酬契約をその視野に収めていることからエイジェンシー理論に依拠している
ことは明らかである。すなわち，ケリー教授の企業観は契約説であるといえる。
企業は各集団間の利害の諸コンフリクトから生ずるコスト（エイジェンシー・コス
ト）を最小化するために結ばれる契約の連鎖である。債務契約は債権者と株主－

図表7－2	会計変更に対する富の影響と反応

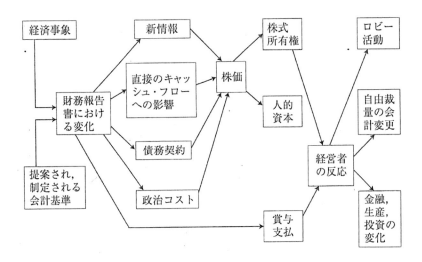

出所：Kelly（1983, p.113）

経営者との間に生ずる利害のコンフリクトを緩和するための契約である。経営者報酬制度は経営者と株主との間にコンフリクトを緩和するための契約である。この契約は会計上の利益の金額によってボーナスの支払いが拘束されているボーナス制度，経営者を株主とすることによって利害のコンフリクトを減少させようとする株所有制度およびストック・オプション制度から成っている[4)]」。

　かような米国でおこなわれてきたエイジェンシー理論で経営者の財務会計行動を説明する試みに対して，井上は，日本での経営者財務会計行動には，そのような試みが上手く機能しないことを指摘し，エイジェンシー理論に代わり会計社会学からかような経営者の財務会計行動を説明しています。

　エイジェンシー理論では，日本における経営者の財務会計行動の1つである，経営者の貸借対照表の流動性配列法と固定性配列法の開示行動を説明することは困難であると考えます。なぜならば，貸借対照表の流動性配列法と固定性配列法の開示行動自体が経営者の報酬等に結びつくとは考えられないからです。

　経営者は，通常，情報の受け手である投資者などのステイクホルダーがいか

ような情報効果を有するかを想定して会計情報の開示をおこなうという情報インダクタンスを有していると考えられています[5]。

　かように考えますと，企業の経営者が前述のように，流動性配列法で多くが開示しているのは，経営者そのものが必ずしも考えて想定しているわけではありませんが，表現の仕方が異なるならば，投資者などのステイクホルダーが異なる反応をすると想定しているからであると考えることができます。

　しかしながら，かような投資者などのステイクホルダーの異なる反応を標準的な経済学が想定している合理的経済人からは説明できません。そこで，ここでは行動経済学から，かような投資者などのステイクホルダーの異なる反応を説明しようと思います。このような，表現は異なりますが，内容は同じものに異なる反応をすることを，行動経済学では説明できます。そこで，これから，行動経済学をもとに，経営者の財務諸表開示行動を説明してみましょう。

７－３．限定合理性の会計情報利用者の行動

　①フレーミング効果
　前述の経営者の貸借対照表の流動性配列法を多く開示する財務諸表開示行動の場合，行動経済学におけるフレーミング効果を想定していると思われます。しかしながら，Tversky 及び Kahneman の「アジアの疫病」の研究で想定しているプロスペクト理論は，会計情報を提供する経営者の限定合理性には関りを持ちえますが，会計情報の利用者の投資意思決定には直接関わらないでしょう。ここで問題になっているのは，流動資産や流動負債を先に記入することで，会計情報の利用者が影響を受けるかどうかです。

　このことは，行動経済学でいうヒューリスティクスを想定していると思われます。流動資産や流動負債を固定資産や固定負債よりも先に記入している流動性配列法は，固定資産や資本や固定負債を先に記入している固定性配列法と比較して，先か後かの違いだけです。これは，ある意味で中国の古事の朝三暮四と同じです。

　さすれば，現行の日本の企業の経営者の多くが貸借対照表で流動性配列法を採用しているのは，心理的な何かの作用を想定していると思われます。

　ここでは，かような要因として次に初頭効果を提示しようと思います。

②初頭効果

　流動性配列法と固定性配列法の表現の違いは，図表7-1のように，流動資産や流動負債を先に記入するか，固定資産や固定負債の後に記すかの違いになっています。とりわけ，先に記入されていることが情報の利用者により影響すると，流動性配列法も固定性配列法も想定していると考えられるのです。かように，先に書かれている内容が，後に書かれている内容よりも，情報の利用者により影響する効果として初頭効果があげられます。

　合理的な経済人ならば，先に記入されていようと後に記入されていようと大きな差異は生じないと思われます。したがって，経営者が初頭効果を想定して，流動性配列法を採用しているとするならば，経営者は，情報の利用者の中に限定合理性の経済人が少なからず存在し，かような経済人が，初頭効果によって影響されると考えていることになります。

③流動性配列法と固定性配列法そして財務諸表分析

　経営者がステイクホルダーの初頭効果を想定して，圧倒的多数が，流動性配列法を採用していると考えた場合，流動性配列法で先に示される流動資産と流動負債から，ステイクホルダーが何を読取っていると経営者は想定しているでしょうか。流動性配列法は，先述したように，企業の債務弁済能力を推定するのに有用な情報を提供すると思われます。

　流動資産と流動負債から想定できる財務諸表分析の指標に，流動比率と当座比率があります。流動比率は，流動資産を流動負債で除すことにより算出できます。200％以上が良好であると考えられています。すなわち，すぐに返済しなければならない負債（流動負債）を，すぐに返済に用いることができる資産（流動資産）で賄うことができるかどうかを，この指標から，情報利用者は読取

ることができるのです。この場合の債務弁済能力は，どちらかといえば短期的な弁済能力と考えられるでしょう。当座比率は，かような流動資産の中で，より固定性のある棚卸資産を除いた当座資産で流動負債を賄うことができるかどうかを判断することになります。100％以上が良好と考えられる点で，流動比率と異なりますが，この場合も，短期的な安全性をみる点では，流動比率とかわりません。

　一方，固定性配列法で優先される，固定資産や固定負債そして純資産を用いた財務諸表分析に固定比率があります。固定比率は，固定資産を純資産の自己資本で除すことで算出できます。固定資産の多くは，企業が利益を上げていれば減価償却によって流動化されるのですが，長期間にわたって，資金的な面で不安を抱えることになります。そこで，固定資産をいかような資金で賄うかが重要になります。固定比率は，かような固定資産を，返済する必要のない自己資本でどれだけ賄っているかをみるものであり，自己資本ですべて賄われていれば安全と考えられます。この場合の安全は，先ほどの流動性比率や当座比率とは異なり，長期的な安全性です。そして，この固定比率で，もし，自己資本で固定資産を賄えない場合には，さらに固定負債で賄うことが考えられます。かような財務諸表分析の指標が，固定長期適合率です。これは，固定資産を自己資本と固定負債の合計で除すものであり，固定負債は自己資本と異なり返済義務があるものの，返済期間が長期なので長期的安全性をみる場合には有用と考えられるのです。

　この場合，短期的な安全性を重視するならば，初頭効果を想定して，流動資産と流動負債を先に示し，長期的な安全性を重視するならば，固定資産，固定負債そして純資産を先に示すことになります。

７－４．限定合理性の経営者の財務諸表開示行動

　これまで述べてきた仮説をもとに演繹的に経営者財務諸表開示行動（流動性配列法と固定性配列法の開示行動）を明らかにしたいところですが，ここで一つだ

け経営者が合理的経済人だけでないことにふれなければならないでしょう。会
計情報の利用者である投資者等のステイクホルダーについて合理的経済人と限
定合理的な経済人を想定したように，経営者にも限定合理的な経済人が存在す
ることは否定できません。さすれば，かような限定合理的な経済人の極端に多
くがなぜ貸借対照表で流動性配列法を採用したのでしょうか。ここでは，その
大きな要因として，経営者自身にフレーミング効果と初頭効果が影響している
ことと，心理的要因としての同調効果または同調圧力，そしてデフォルト効果
（初期設定効果）と現状維持バイアスが作用したからではないかと考えます。

　①同調効果または同調圧力とスノッブ効果

　限定合理的な経営者の場合，他の経営者の財務諸表開示行動（この場合，流動
性配列法を開示する）に同調して中でも企業会計原則の規範的影響により流動性
配列法を採用したものが多くいたのではないかとここでは想定します。このよ
うな同調効果は，日本に限らず，多くの国々で生じています。とりわけ，当該
選択に専門的にこだわりがある場合を除いて，多くの人々は，多くのものが選
択する解答に同調してしまいます。かように考えた場合，日本における貸借対
照表において流動性配列法を固定性配列法よりも選択するのに大きな偏りがあ
ることを説明する要因として，経営者による同調効果も少なからず影響してい
ると考えられます。

　また，少数ではあるが，固定性配列法で開示する企業があるのは，スノッブ
効果の影響を受けている可能性があります。

　②デフォルト効果（初期設定効果）および現状維持バイアス

　流動性配列法が採用されるのにある程度の偏りがあるとしても，日本におけ
るほどの極端な偏りが生じるのにはさらに同調効果とは別の要因が作用してい
るとここでは考えます。なぜならば，IFRS を採用した日本の企業の場合，柏
岡によると，2015 年に IFRS を採用した 60 社のうち，固定性配列法と思われ
る方法を採用した企業は 7 社で，純粋な流動性配列法を採用した 48 社に比べ

て少ないものの，日本の上場企業全体に占める固定性配列法を採用している企業数に比べてゆるやかな偏りを示しています。IFRS では，固定性配列法が原則なのですが，ここでも流動性配列法が多数を占めています。また，日本の会計基準で採用していたよりも，固定性配列法を採用している企業が，流動性配列法より多いわけではありませんが，散見されており，これまでの日本における極端な偏りではなくゆるやかな偏りを示しています[6]。かような理由を説明するものとして，先述のデフォルト効果（初期設定効果）および現状維持バイアスの影響が考えられます。

　とりわけ，ここでは現状維持バイアスの影響を受けていると考えられます。現状維持バイアスとは，友野によると次のようです。「損失回避性から導かれるもう一つの性質が，現状維持バイアスであり，人は現在の状態（現状）からの移動を回避する傾向にあることを意味する。つまり，現状がとりわけいやな状態でない限り，現状からの変化は，良くなる可能性と悪くなる可能性の両方がある。そこで損失回避的傾向が働けば，現状維持に対する志向が強くなるのである[7]」。

　かように，限定合理性のある経済人である経営者の多くは，デフォルト効果（初期設定効果）や現状維持バイアスによって貸借対照表で流動性配列法を選択していると考えられます。

7－5．小　括

　本章は，日本における，貸借対照表の流動性配列法と固定性配列法の開示選択においてあまりに多くの企業が流動性配列法を採用していることを，行動経済学から明らかにしてきました。本来，流動性配列法と固定性配列法は，形式は異なりますが，内容は同じです。したがって，両者の選択にかような大きな偏りが生じるのは不自然です。そこで，本章では，経営者が財務諸表開示行動をおこなうことを前提に，会計情報の受け手である投資者等のステイクホルダーの中に，限定合理性から，同じ内容であっても，心理的な要因で異なる反

応をすることを仮定し，フレーミング効果や初頭効果を想定して，流動性配列法が多く採用されたと説明しています。また，経営者の中で，自らの限定合理性から，かような流動性配列法の選択を想定できなかったものも，自らがフレーミング効果や初頭効果に影響を受け，流動性配列法が有用であると考え流動性配列法を選択したものもいるのではないかと考えています。また，多くの経営者がおこなっている開示行動に影響を受け，同調効果から同じ開示をしたものや，逆に異なる開示を選ぶ少数がスノッブ効果により存在することを明らかにしました。また，日本基準から IFRS に変更した企業が，なお多くが流動性配列法で開示している財務諸表開示行動から，デフォルト効果（初期設定効果）や現状維持バイアスから開示したものも少なからずいると結論づけています。もちろん，この他の要因が存在する可能性はあります。ここで述べているのは，あくまでも主な要因であります。

　なお，ここで断っておきますが，行動経済学ですべての経済行動を説明することはもちろんできません。行動経済学は，標準的な経済学で説明できない部分を補完して説明しているのです。

【注】

1）本章は，『駿河台大学論叢』第 56 号「経済心理からみる経営者財務会計行動論：流動性配列法と固定性配列法の選択」を加筆修正したものです。
2）桜井（2015, p.306）。
3）情報提供者サイドについては，これまでエイジェンシー理論により研究されています。なお，エイジェンシー理論について，日本への適用については井上や岡田は批判的見解を述べています。詳しくは，井上（1995）及び岡田（1989）を参照してください。
4）井上（1995, pp.209-210）。
5）情報インダクタンス（information inductance）に関する Prakash 及び Rappaport の議論で，情報の送り手の行動が，〔送り手みずからが送り出す〕情報によって影響を受けることを意味します。詳しくは Prakash and Rappaport（1977）を参照してください。
6）柏岡（2015, p.8）。
7）友野（2006, pp.157-158）。

第**8**章 損益計算書の機能別区分と 性質別区分の選択[1]

8−1. 問題提起

　行動経済学でとりあげるフレーミング効果，同調効果，スノッブ効果，デフォルト効果（初期設定効果），現状維持バイアスの問題は，標準的経済学で想定している合理的経済人の場合には問題にならない内容です。しかしながら，限定合理性の経済人で心理的な影響を受けるものには，見過ごすことのできない問題になることでしょう。また，損益計算書の区分については，伝統的な一般原則の明瞭性の原則における費用と収益が対応した表現の方が，情報利用者に理解しやすいという考え方を，未だに経営者がいだいているのではないでしょうか。

　たとえば，行動経済学のフレーミング効果の問題は，情報内容が同じである一方，その表現の仕方が異なる場合，異なる情報効果を生じることを意味します。ここで取上げる損益計算書の機能別区分と性質別区分は，収益と費用を機能別に区分するか，性質別に区分するかで内容に違いはありません[2]。フレーミング効果の場合，特に注意しなければならないのは，あくまでも情報内容が同じであることを前提としていることです。もし，情報内容が異なっているならば，表現の仕方が異なることとは別に，その結果として情報効果が異なることは当然ありうるからです。

　ここでは，行動経済学のデフォルト効果（初期設定効果）を中心に機能別区分と性質別区分の経営者による選択行動を仮説演繹法で明らかにしていこうと思います。

8-2. 財務諸表開示行動

　ここではこれまで述べてきましたように，経営者が財務諸表開示行動をおこ
なうことを前提に，日本の上場企業でIFRSに変更した経営者の損益計算書の
機能別区分と性質別区分の開示選択について考察し，仮説演繹法で説明して行
くことにしましょう。

　まず，日本の上場企業の経営者の機能別区分と性質別区分の開示選択であり
ますが，数値ではでていないものの，多くの企業が機能別区分を採用している
ことは明らかでしょう。かような上場企業が，IFRSを採用した場合に，著し
く多くの企業が機能別区分を採用しています。

　たとえば，図表8-1からもわかりますように，柏岡の調査では，多くの企
業で，機能別区分の方が採用されています。

図表8-1　IFRSを適用した日本企業60社の機能別区分と性質別区分の採用状況

機能別区分	59社
性質別区分	1社

出所：柏岡（2015, p.9）をもとに筆者が作成

　損益計算書の機能別区分と性質別区分は，貸借対照表の流動性配列法と固定
性配列法のように，全く同じ情報内容というわけではありません。

　そこで，機能別区分と性質別区分を図表8-2に示しましょう。

図表8-2　機能別区分と性質別区分

性質別区分		機能別区分	
収益	×××	売上高	×××
その他の収益	×××	売上原価	×××
原材料仕入 ×××		売上総利益	×××
人件費 ×××		その他の収益	×××
減価償却費 ×××		販売・一般管理費	×××
その他の費用 ×××		その他の費用	×××
費用合計	×××	営業利益	×××
営業利益	×××		

出所：広川「IFRSがITに及ぼす影響財務諸表の表示－費用分類」
< https://www.keieiken.co.jp/ifrs/study/fs.html 参照日 2018.04.13 >

　大澤他では，機能別区分の方が性質別区分に対して目的適合性がより高い
半面，費用を機能別に配分するさいに恣意的になりやすいことを指摘してい
ます[3]。しかしながら，大澤他は，IFRS を適用している Fortune Global 500
社の中から業種を考慮して抽出した 30 社の公表済財務諸表の分析をおこない，
17 社が機能別区分を，そして 13 社が性質別区分を採用していることを明らか
にしています。かようなことから，損益計算書の機能別区分と性質別区分の場
合も，何ら理由なく，どちらかが多く採用されることは一般には考えられ，あ
る程度の偏りがみられるのはむしろ自然なことで，この 30 社のような場合は
問題がないと思われます。しかしながら，前述の日本の企業が IFRS を採用し
た場合に，60 社のうち 59 社が機能別区分を採用するように著しく機能別区分
を選択するのは，かような一般的な偏りでは説明できず，合理的経済人を想定
した場合，考え難い事実といえるでしょう。

　井上は，米国における経営者財務会計行動を説明する 1 つの概念図として，
Kelly の図を前述のように述べています。前述のように Kelly のフローチャー
トでは，日本における経営者の損益計算書の機能別区分と性質別区分の開示行
動を説明することは困難であると考えられます。なぜならば，損益計算書の機
能別区分と性質別区分の開示行動自体が経営者の報酬等に結びつくとは考えら
れないからです。

　経営者は，通常，情報の受け手である投資者などのステイクホルダーがいか
ような情報効果を有するかを想定して会計情報の開示をおこなうという情報イ
ンダクタンスを有していると考えられています[4]。

　かように考えますと，経営者が前述のように，機能別区分で極端に多くが開
示しているのは，表現の仕方が異なるならば，投資者などのステイクホルダー
が異なる反応をすると想定しているからであると考えることが適切でしょう。

　しかしながら，かような投資者などのステイクホルダーの異なる反応を標準
的な経済学が想定している合理的経済人からは説明できません。そこで，ここ
では行動経済学から，かような投資者などのステイクホルダーの異なる反応を
説明しようと思います。このような，表現は異なるが，内容は同じものに異な

る反応をすることを，行動経済学では説明できます。そこで，行動経済学をもとに，経営者の財務諸表開示行動を仮説演繹法で説明して行きましょう。

８－３．限定合理性の会計情報利用者の行動

①フレーミング効果

前述の IFRS を採用した企業の経営者の損益計算書の機能別区分を極端に多く開示選択する財務諸表開示行動の場合，かようなフレーミング効果を想定していると思われます。しかしながら，Tversky 及び Kahneman の「アジアの疫病」の研究で想定しているプロスペクト理論は，会計情報を提供する経営者の限定合理性には関りを持ちえますが，会計情報の利用者の投資意思決定には直接関わりません。ここで問題になっているのは，機能別区分と性質別区分で，会計情報の利用者が影響を受けるかどうかであります。

②費用収益対応表示と理解可能性

日本では，現在でもなお，企業会計原則の一般原則を重視しています。この一般原則に明瞭性の原則があります。次が明瞭性の原則の文言であります。

「企業会計原則」第一・四

「企業会計は，財務諸表によって，利害関係者に対し必要な会計事実を明瞭に表示し，企業の状況に関する判断を誤らせないようにしなければならない」。

明瞭性の原則は，報告の機能に関係する原則であり，会計情報の媒体である財務諸表の作成方法を規制している原則であります。この明瞭性の原則は，財務諸表の利用者がその意思決定のために財務諸表を利用するさいに，誤った判断に導かれないように，必要な会計事実を明瞭に表示することを要請するものであります。この明瞭性の原則の適用例には次の８つがあります。

すなわち，明瞭性の原則は，①総額主義の原則，②費用収益対応表示の原則，③区分表示，④項目配列の原則，⑤科目の分類基準，⑥科目の明瞭性，⑦注記による追加情報の開示，⑧附属明細表による開示などを要請しています[5]。

（a）総額主義の原則

総額主義の原則は，損益計算書における費用と収益，貸借対照表における資産，負債，純資産（または資本）は総額で記載することを意味します。総額に記載することによって，費用，収益，資産，負債，純資産（または資本）の金額が明らかになります。

（b）費用収益対応表示の原則

費用および収益を発生源泉によって明瞭に分類し，関連する収益項目と費用項目を対応表示することによって，段階利益を計算し，情報利用者にわかりやすい損益計算書を作成します。

（c）区分表示の原則

損益計算書は，営業損益計算，経常損益計算および純損益計算に区分します。また，貸借対照表は，資産の部，負債の部および純資産（または資本）の部に区分します。

（d）項目配列の原則

貸借対照表においては，資産・負債項目の配列は，原則として流動性配列法によっています。ただし，電力会社など固定資産が膨大な業種については，その特殊性から固定性配列法も認められています。

（e）科目の分類基準

資産および負債は，正常営業循環基準または1年基準などによって，流動項目と固定項目に分類されています。

（f）科目の明瞭性

科目の名称は，その性質を示す適切な科目で表示します。

（g）注記による追加情報の開示

特定の科目や取引などについての詳細な情報は，財務諸表に注記します。また，利害関係者が企業集団または会社の財政状態，経営成績およびキャッシュ・フローの状況に関して適正な意思決定をおこなうために必要と認められる追加情報も財務諸表に注記します。

（h）附属明細書による開示

　特定の項目・科目についての詳細な情報は，附属明細表により開示することができます。附属明細表によって，財務諸表本体の概観性を維持すると共に，より詳細な情報を開示することができます。

　この中で，とりわけ，機能別区分と性質別区分に関わるのが，②と③でしょう。中でも，②の費用収益対応表示の原則は，機能別区分により損益計算書が明瞭であることを示唆しています。

　かようにみてみるならば，IFRS を採用した日本の上場企業の経営者の著しく多くが，損益計算書の場合，ステイクホルダーに，機能別区分の方がより明瞭であると判断し，また，現状維持バイアスがステイクホルダーに多分にあると想定し，情報インダクタンスから機能別区分を選択していると考えることができます。

８－４．限定合理性の経営者の財務諸表開示行動

　これまで述べてきた仮説をもとに演繹的に経営者財務諸表開示行動（機能別区分と性質別区分）を明らかにしたいところですが，ここで一つだけ経営者が合理的経済人だけでないことにふれなければならないでしょう。会計情報の利用者である投資者等のステイクホルダーについて合理的経済人と限定合理的な経済人を想定しましたように，経営者にも限定合理的な経済人が存在することは否定できません。さすれば，かような限定合理的な経済人の極端に多くがなぜ損益計算書で機能別区分を採用したのでしょうか。ここは，その大きな要因として，経営者自身にデフォルト効果（初期設定効果）と現状維持バイアスが影響していることと，心理的要因である同調効果または同調圧力，そしてスノッブ効果が作用したからではないかと考えます。

　①デフォルト効果（初期設定効果）
　機能別区分が採用されるのにある程度の偏りがあるとしても，IFRS を採用

した日本企業の経営者におけるほどの極端な偏りが生じるのには，まず，日本基準を採用していたときのデフォルト効果（初期設定効果）に影響を受けているのではないかと筆者は考えます。

　なぜならば，日本の企業の場合，日本の会計基準を採用していたときは，通常，IFRSのような機能別区分と性質別区分の選択ではなく機能別区分を多くが採用していたと考えられるからです。

　かようなデフォルトの効果は，現状維持バイアスと密接に関わりがあります。

　②現状維持バイアス

　現状維持バイアスとは，友野によると次のようです。「損失回避性から導かれるもう一つの性質が，現状維持バイアスであり，人は現在の状態（現状）からの移動を回避する傾向にあることを意味する。つまり，現状がとりわけいやな状態でない限り，現状からの変化は，良くなる可能性と悪くなる可能性の両方がある。そこで損失回避的傾向が働けば，現状維持に対する志向が強くなるのである[6]」。初期設定で日本基準のときに機能別区分を採用した企業は，IFRSに変更した後も現状維持バイアスで，つづけて採用していると考えられます。

　③同調効果とスノッブ効果

　また，これら，デフォルト効果（初期設定効果）と現状維持バイアスの他に，限定合理的な経営者の場合，他の経営者の財務諸表開示行動（この場合，機能別区分を選択する）に同調して機能別区分を採用したものが多くいたのではないかと筆者は考えます。

　このような同調効果は，日本に限らず，多くの国々で生じています。とりわけ，当該選択に専門的にこだわりがある場合を除いて，多くの人々は，多くのものが選択する解答に同調してしまいます。かように考えた場合，IFRSを採用した日本企業における損益計算書において機能別区分を性質別区分よりも選

択するのに大きな偏りがあることを説明する要因として，経営者による同調効果の中でも規範的影響も少なからず作用していると考えられます。また，ごくわずかですが，少数が存在します。柏岡の例では，１社だけ，性質別区分を採用しています。かような例は，スノッブ効果で説明できるでしょう。

8−5．小　括

　ここでは，IFRS を採用した日本企業の経営者における，損益計算書の機能別区分と性質別区分の開示選択においてあまりに多くの企業が機能別区分を採用していることを，行動経済学から明らかにしてきました。本来，機能別区分と性質別区分は，形式は異なりますが，内容はほぼ同じと考えられます。したがって，両者の選択にかような大きな偏りが生じるのは不自然です。そこで，ここでは，経営者が財務諸表開示行動をおこなうことを前提に，会計情報の受け手である投資者等のステイクホルダーの中に，限定合理性から，同じ内容であっても，心理的な要因で異なる反応をすることを仮定し，フレーミング効果を想定して，明瞭性の原則から機能別区分が多く採用されたと説明しています。また，日本基準を採用していたときのデフォルト効果（初期設定効果）で機能別区分を採用していた経営者が，現状維持バイアスによって，IFRS を採用したさいにも，機能別区分を採用した者が少なからずいたのではないかと考えます。また多くの経営者がおこなっている選択行動に影響を受け，同調効果から同じ選択をしたものも少なからずいると考えます。また，１社だけ，性質別区分を採用していますが，これは，スノッブ効果で説明できるでしょう。

　もちろん，この他の要因が存在する可能性はあります。ここで述べているのは，あくまでも主な要因であります。

【注】
1）本章は，『駿河台経済論集』第 28 巻第 1 号「行動経済学からみる経営者財務会計行動論：損益計算書の機能別区分と性質別区分の選択について」を加筆修正したものです。
2）機能別区分の場合，費用の性質別の情報を補足情報として加えることで性質別区分と同

等になると考えられます。

3）大澤他（2013, p.13）。

4）情報インダクタンス（information inductance）に関する Prakash 及び Rappaport の議論で，情報の送り手の行動が，〔送り手みずからが送り出す〕情報によって影響を受けることを意味します。詳しくは Prakash and Rappaport（1977）を参照してください。

5）中原（2018）を参照してください。

6）友野（2006, pp.157-158）。

第9章　勘定式と報告式の選択[1]

9−1．問題提起

　行動経済学でとりあげるフレーミング効果，同調効果，スノッブ効果，デフォルト効果，現状維持バイアスの問題は，標準的経済学で想定している合理的経済人の場合には問題にならない内容です。しかしながら，限定合理性の経済人で心理的な影響を受けるものには，見過ごすことのできない問題になることでしょう。

　たとえば，行動経済学のフレーミング効果の問題は，情報内容が同じである一方，その表現の仕方が異なる場合，異なる情報効果を生じることを意味します。ここで取上げる，損益計算書と貸借対照表の報告式か勘定式かの問題では，その内容に違いはありません[2]。フレーミング効果の場合，特に注意しなければならないのは，あくまでも情報内容が同じであることを前提としていることです。もし，情報内容が異なっているならば，表現の仕方が異なることとは別に，その結果として情報効果が異なることは当然ありうるからです。

　ここでは，行動経済学のデフォルト効果（初期設定効果）を中心に報告式か勘定式かの選択について，会社法と金融商品取引法で推奨している方式をもとに仮説演繹法で明らかにしていこうと思います。

9−2．会社法計算書類

　会社法では，株式会社は計算書類（貸借対照表，損益計算書，株主資本等変動計算

書，個別注記表）事業報告および附属明細書を作成しなければなりません³⁾。

　貸借対照表は，資産の部，負債の部および純資産の部に区分して表示しなければなりません⁴⁾。資産の部は，流動資産，固定資産および繰延資産の各項目に区分し，固定資産に係る項目は，さらに有形固定資産，無形固定資産および投資その他の資産の各部に細分しなければなりません⁵⁾。負債の部は，流動負債および固定負債の各項目に区分し，各項目は適当な項目に細分しなければなりません⁶⁾。純資産の部は，株主資本，評価・換算差額等，新株予約権に区分しなければなりません⁷⁾。株主資本に係る項目は，資本金，新株式申込証拠金，資本剰余金，利益剰余金，自己株式，自己株式申込証拠金に区分しなければなりません⁸⁾。資本剰余金に係る項目は，資本準備金，その他資本剰余金に区分し，利益剰余金に係る項目は，利益準備金，その他利益剰余金に区分しなければなりません⁹⁾。評価・換算差額等に係る項目は，その他有価証券評価差額金，繰延ヘッジ損益，土地再評価差額金に区分しなければなりません¹⁰⁾。

　「会社法施行規則及び会社計算規則」では，勘定式の貸借対照表が推奨されています。次の貸借対照表は，「会社法施行規則及び会社計算規則による株式会社の各種書類のひな型（改訂版）」をもとに筆者が作成したものです。「会社法施行規則及び会社計算規則」では，かような貸借対照表のように勘定式の貸借対照表が推奨されています。

貸借対照表

期別 科目	第□□期 令和○年○月○日現在	期別 科目	第□□期 令和○年○月○日現在
(資産の部)	×××	(負債の部)	×××
(流動資産)	×××	(流動負債)	×××
現金及び預金	×××	支払手形	×××
受取手形	×××	買掛金	×××
売掛金	×××	短期借入金	×××
有価証券	×××	リース債務	×××
商品及び製品	×××	未払金	×××
仕掛品	×××	未払費用	×××
原材料及び貯蔵品	×××	未払法人税等	×××
前払費用	×××	前受金	×××
繰延税金資産	×××	預り金	×××
貸倒引当金	△×××	前受収益	×××
(固定資産)	×××	製品保証引当金	×××
(有形固定資産)	×××	(固定負債)	×××
建物	×××	社債	×××
構築物	×××	長期借入金	×××
機械装置	×××	リース債務	×××
車両運搬具	×××	退職給付引当金	×××
工具器具備品	×××	負債合計	×××
土地	×××	(純資産の部)	×××
リース資産	×××	(株主資本)	×××
建設仮勘定	×××	資本金	×××
(無形固定資産)	×××	資本剰余金	×××
ソフトウェア	×××	資本準備金	×××
のれん	×××	その他資本剰余金	×××
(投資その他の資産)	×××	利益剰余金	×××
投資有価証券	×××	利益準備金	×××
関係会社株式	×××	その他利益剰余金	×××
長期貸付金	×××	新築積立金	×××
繰延税金資産	×××	繰越利益剰余金	×××
貸倒引当金	△×××	自己株式	×××
(繰延資産)	×××	評価・換算差額等	×××
株式発行費	×××	その他有価証券評価差額金	×××
社債発行費	×××	繰延ヘッジ損益	×××
		新株予約権	×××
		純資産合計	×××
資産合計	×××	負債・純資産合計	×××

　損益計算書は，売上高，売上原価，販売費及び一般管理費，営業外収益，営業外費用，特別利益，特別損失の項目に区分して表示しなければなりません[11]。売上高から売上原価を減じて得た額は，売上総利益金額または売上総損失金額として表示しなければなりません[12]。売上総損益金額から販売費及び一般管理費の合計額を減じて得た額は，営業利益金額または営業損失金額として表示しなければなりません[13]。営業損益金額に営業外収益を加えて得た額から営業外費用を減じて得た額は，経常利益金額または経常損失金額として表示しなければなりません[14]。経常損益金額に特別利益を加えて得た額から特別損失を減じて得た額は，税引前当期純利益金額または税引前当期純損失金額として表示しなければなりません[15]。法人税等，法人税等調整額は，税引前当期純利益金額または税引前当期純損失金額の次に表示しなければなりません[16]。税引前当期純利益金額または税引前当期純損失金額から，法人税等，法人税等調整額を加減した額は，当期純利益金額または当期純損失金額として表示しなければなりません[17]。

　次の損益計算書は，「会社法施行規則及び会社計算規則による株式会社の各種書類のひな型（改訂版）」をもとに筆者が作成したものです。「会社法施行規則及び会社計算規則」では，かような損益計算書のように報告式の損益計算書が推奨されています。

損益計算書

(単位百万円)

科目　　　　　　　期別	第□□期　令和○年○月○日から　令和○年○月○日まで	
売上高		×××
売上原価		×××
売上総利益		×××
販売費及び一般管理費		×××
営業利益（△損失）		×××
営業外収益		
受取利息及び配当金	×××	×××
営業外費用		
支払利息	×××	
売上割引	×××	×××
経常利益（△損失）		×××
特別利益		
固定資産売却益	×××	
投資有価証券売却益	×××	×××
特別損失		
固定資産売却及び除却損	×××	
投資有価証券評価損	×××	
関係会社株式評価損	×××	
減損損失	×××	×××
税引前当期純利益（△純損失）		×××
法人税，住民税及び事業税	×××	
法人税等調整額	×××	×××
当期純利益（△純損失）		×××

仮に，損益計算書の勘定式を示すならば以下となります。

損益計算書

費用	収益
売上原価	売上高
販売費及び一般管理費	営業外収益
営業外費用	特別利益
特別損失	

　会社法により求められる計算書類では，多くの企業の経営者は，貸借対照表では勘定式を採用しており，損益計算書では報告式を採っています。日本における企業で，会社法で推奨されている方法を逸脱する選択（たとえば，貸借対照表に報告式を採用している場合や，損益計算書に勘定式を採用している場合が考えられます）をしている企業が存在しているかどうか調査しました。

　会社法で推奨している報告形式（日本経済団体連合会経済法規委員会企画部会，2008年11月25日における「会社法施行規則及び会社計算規則による株式会社の各種書類のひな型（改訂版）」）は，貸借対照表では勘定式であり，損益計算書では報告式です。その逸脱行動として考えられるのは，貸借対照表における報告式と損益計算書における勘定式です。

　あずさ監査法人編『会社法決算の実務 第14版』中央経済社には，損益計算書における勘定式として，次の東京瓦斯（株）が掲載されていました。これは，スノッブ効果で説明できると考えられます。一方，貸借対照表による報告形式であるが，財務諸表等規則が報告式によることを定めているものの，あずさ監査法人編『会社法決算の実務 第14版』中央経済社には，勘定式が一般的であると述べられているだけで，報告式の貸借対照表の例は示されていませんでした。

東京瓦斯（株）2019 年 3 月期（単体）

損益計算書（2018 年 4 月 1 日から 2019 年 3 月 31 日まで）

費用		収益	
	百万円		百万円
売上原価	770,980	ガス事業売上高	1,211,256
期首たな卸高	110	ガス売上	1,193,670
当期製品製造原価	763,479	託送供給収益	10,374
当期製品仕入高	9,432	事業者間精算収益	7,212
当期製品自家使用高	1,928		
期末たな卸高	113		
（売上純利益）	(440,276)		
供給販売費	343,410		
一般管理費	70,090		
（事業利益）	(26,776)		
営業雑費用	144,318		
受注工事費用	40,259	営業雑収益	159,515
その他営業雑費用	104,058	受注工事収益	41,805
附帯事業費用	390,847	その他営業雑収益	117,700
（営業利益）	(48,920)	附帯事業収益	397,794
営業外費用	15,755		
支払利息	4,111	営業外収益	29,745
社債利息	5,033	受取利息	417
社債発行費償却	384	受取配当金	1,885
他受工事精算差額	1,791	関係会社受取配当金	14,201
雑支出	4,435	受取賃貸料	5,703
（経常利益）	(62,910)	雑収入	7,536
特別損失	-		
（税引前当期純利益）	(67,329)	特別利益	4,419
法人税等	13,850	投資有価証券売却益	4,419
法人税等調整額	△ 237		
当期純利益	53,717		
合計	1,802,732		1,802,732

９－３．金融商品取引法

　金融商品取引法では，有価証券届出書 [18)]，有価証券報告書 [19)] 等の開示書類を内閣総理大臣に提出させ，開示書類を一定の場所に備え置かせて，一定期間公衆の縦覧に供することとしています [20)]。

　今日，適時開示制度の一環として，有価証券届出書，有価証券報告書等の開示書類について，電子化がおこなわれるようになってきています。すなわち，金融庁は行政サービスの一環として，法定開示とは別に「金融商品取引法にもとづく有価証券報告書等の開示書類に関する電子開示システム（EDINET: Electronic Disclosure for Investors' NETwork）」を 2001 年から稼働させています。かくて，有価証券報告書等の開示書類が，インターネットを通じて無料で広く一般に提供されるようになっています。

　①有価証券報告書

　有価証券報告書は，一般投資者が投資意思決定をおこなうさいに十分な投資判断ができるように作成されるものであり，企業が発行する財務情報の中で最も詳細な情報が記載されています。有価証券報告書は，次のとおりに構成されています。

　第１企業の概況

　第２事業の状況

　第３設備の状況

　第４提出会社の状況

　第５経理の状況

　経理の状況では，連結財務諸表と個別財務諸表が開示されます。ここでは，有価証券報告書の財務諸表として，連結貸借対照表のみ，報告式のひな型を提示しましょう。

　金融商品取引法では，連結貸借対照表は，勘定式ではなく報告式が推奨されています。以下に報告式の連結貸借対照表のひな型を明らかにします。

連結貸借対照表

	前連結会計年度 令和〇年〇月〇日	当連結会計年度 令和×年×月×日
資産の部		
流動資産		
現金及び預金	××××	××××
受取手形及び売掛金	××××	××××
電子記録債権	××××	××××
有価証券	××××	××××
商品及び製品	××××	××××
仕掛品	××××	××××
原材料及び貯蔵品	××××	××××
繰延税金資産	××××	××××
未収還付法人税等	××××	××××
貸倒引当金	△××××	△××××
流動資産合計	××××	××××
固定資産		
有形固定資産		
建物及び構築物	××××	××××
減価償却累計額	△××××	△××××
建物及び構築物（純額）	××××	××××
機械装置及び運搬具	××××	××××
減価償却累計額	△××××	△××××
機械装置及び運搬具（純額）	××××	××××
工具，器具及び備品	××××	××××
減価償却累計額	△××××	△××××
工具，器具及び備品（純額）	××××	××××
土地	××××	××××
建設仮勘定	××××	××××
有形固定資産合計	××××	××××
無形固定資産		
のれん		
無形固定資産合計	××××	××××
投資その他の資産		
投資有価証券	××××	××××
退職給付に係る資産	××××	××××
繰延税金資産	××××	××××
貸倒引当金	△××××	△××××
投資その他の資産合計	××××	××××
固定資産合計	××××	××××
資産合計	××××	××××

負債の部		
流動負債		
支払手形及び買掛金	×××	×××
電子記録債務	×××	×××
未払金	×××	×××
未払法人税等	×××	×××
繰延税金負債	×××	×××
事業整理損失引当金	×××	×××
流動負債合計	×××	×××
固定負債		
繰延税金負債	×××	×××
退職給付に係る負債	×××	×××
固定負債合計	×××	×××
負債合計	×××	×××
純資産の部		
株主資本		
資本金	×××	×××
資本剰余金	×××	×××
利益剰余金	×××	×××
自己株式	×××	×××
株主資本合計	×××	×××
その他の包括利益累計額		
その他有価証券評価差額金		
為替換算調整勘定		
退職給付に係る調整累計額		
その他の包括利益累計合計	×××	×××
非支配株主持分	×××	×××
純資産合計	×××	×××
負債純資産合計	×××	×××

　金融商品取引法では，連結損益計算書は，勘定式ではなく報告式が推奨されています。

　金融商品取引法で求められる財務諸表では，多くの企業の経営者は，貸借対照表も損益計算書も報告式を採用していると考えられます。この場合の逸脱行動は，損益計算書においても，貸借対照表においても，勘定式を採用することでありますが，eolで現在まで調査したところ，1961年以降で残っているデータの中で，日本の上場企業でこれまでに，勘定式で提出している企業は見られませんでした。

9-4. 報告式と勘定式

　この勘定式と報告式ですが，表現は異なりますが，内容は同じと考えてよい
でしょう。しかしながら，会社法と金融商品取引法では，推奨する方式が異な
ることから，多くの企業の経営者は，推奨通りに財務諸表を作成して報告して
いると考えられます。貸借対照表及び損益計算書の勘定式と報告式の開示選択
行動のかような極端な偏りがみられるのは，同じ情報に対して通常の場合に
は，考え難い事実といえるでしょう。

　会社法と金融商品取引法とで推奨している方式が異なるのは，おそらく想定
している，財務諸表利用者が異なるのではないでしょうか。しかるに，繰り返
すようですが，勘定式も報告式も表現は異なりますが，内容は同じなのです。

　経営者は，通常，情報の受け手である投資者などのステイクホルダーがいか
ような情報効果を有するかを想定して会計情報の開示をおこなうという情報イ
ンダクタンスを有していると考えられています[21]。

　かように考えますと，経営者が前述のように，会社法で求められる計算書類
では，貸借対照表を勘定式で，損益計算書を報告式に，そして，金融商品取引
法で求められる財務諸表では，貸借対照表も損益計算書も報告式で極端に多く
が開示しているのは，表現の仕方が異なるならば，投資者などのステイクホル
ダーが異なる反応をすると想定しているからであると考えることが適切であり
ましょう。

　しかしながら，かような投資者などのステイクホルダーの異なる反応を標準
的な経済学が想定している合理的経済人からは説明できません。そこで，ここ
では行動経済学から，かような投資者などのステイクホルダーの異なる反応を
説明しようと思います。このような，表現は異なるが，内容が同じ内容に異な
る反応をすることを，行動経済学では説明できます。

(1) 限定合理性の会計情報利用者の行動：フレーミング効果

　経営者の貸借対照表及び損益計算書の勘定式と報告式について，会社法や金融商品取引法により推奨された方法を開示選択する財務諸表開示行動の場合，フレーミング効果を想定していると思われます。しかしながら，Tversky 及び Kahneman の「アジアの疫病」の研究で想定しているプロスペクト理論は，会計情報を提供する経営者の限定合理性には関りを持ちえますが，会計情報の利用者の投資意思決定には直接関わりません。ここで問題になっているのは，勘定式か報告式かで，会計情報の利用者が影響を受けるかどうかです。このことは，行動経済学でいうヒューリスティクスを想定していると思われます。経営者は，会計情報の利用者が報告式か勘定式かで異なる意思決定をすることを想定して，つまりフレーミング効果を考えて財務諸表開示行動をとっていると考えられるのです。

(2) 限定合理性の経営者の財務諸表開示行動

　会計情報の利用者である投資者等のステイクホルダーについて合理的経済人と限定合理的な経済人を想定しましたように，経営者にも限定合理的な経済人が存在することは否定できません。さすれば，かような限定合理的な経済人の多くがなぜ貸借対照表及び損益計算書で，会社法や金融商品取引法が推奨する方式を採用したのでしょうか。ここは，その大きな要因として，経営者自身にフレーミング効果が影響していることと，心理的要因による同調効果またはスノッブ効果，そしてデフォルト効果（初期設定効果）と現状維持バイアスが作用したからではないかと考えます。

　①同調効果またはスノッブ効果

　限定合理的な経営者の場合，他の経営者の財務諸表開示行動（この場合，会社法や金融商品取引法で推奨する方法を選択する）に同調して勘定式と報告式を採用したものが多くいたのではないかとここでは想定します。このような同調効果は，日本に限らず，多くの国々で生じています。とりわけ，当該選択に専門的

にこだわりがある場合を除いて，多くの人々は，他の多くのものが選択する解答に同調してしまいます。かように考えた場合，日本における貸借対照表において，会社法と金融商品取引法で推奨する方法を選択することによる大きな偏りがあることを説明する要因として，経営者による同調効果も少なからず影響していると考えられます。つまり，日本における貸借対照表及び損益計算書において，会社法や金融商品取引法で推奨された方式を選択する経営者の行動を説明する要因として，経営者による同調効果，中でも規範的影響が少なからず影響していると考えられます。

　また，会社法における勘定式損益計算書に見られるような，少数ですが，多くと異なる財務諸表開示行動をとる企業がありますが，これは，スノッブ効果で説明できるでしょう。つまり，筆者が，これまで，行動経済学からみてきた経営者の財務諸表開示行動には，少なからず，少数派が存在しており，逸脱行動をおこなうものがいました[22]。かような効果を表わすものに，マーケティングには「スノッブ効果」というものがあります。Leibenstein によると，同じ商品を持っている人が多いほど効用が増加する場合には，「バンドワゴン効果」があるといわれ，逆に効用が低下する場合には，「スノッブ効果」があるといわれます[23]。かような「スノッブ効果」には，パーソナル・ネットワークといった人間間の影響が介在していると思われます。ここで重要になるのが，その選択行動において，ネットワーク内でのアイデンティティが存在しているか否かということです。商品の場合，ネットワーク内でアイデンティティを有するものと持たないものがあります。たとえばどのお茶を飲むか，どのチョコレートを食べるかなどがアイデンティティになることはあまりないでしょう。何かしらのアイデンティティを有する場合，経営者が，貸借対照表と損益計算書の開示方式として勘定式か報告式に拘りをもつことは考えられます。先述のように，会社法や金融商品取引法が推奨する方式と異なる方式を採用するといった逸脱行動を経営者がとるならば，そこに何かしらのアイデンティティがあると考えられます。会社法とは異なり，現時点では，金融商品取引法においては，その推奨に対して逸脱行動がみられないことがわかっていま

す。少なからずも，金融商品取引法が推奨する，貸借対照表も損益計算書も報告式で公表する点においては，経営者に勘定式を選択するアイデンティティはなく，「スノッブ効果」は存在しないといえるでしょう。

　②デフォルト効果（初期設定効果）および現状維持バイアス

　日本においては，企業の経営者は，はじめに，会社法や金融商品取引法で推奨する報告形式で貸借対照表を開示した場合，それをその後も開示し続けていることが想定できます。これらは，先述のデフォルト効果（初期設定効果）と現状維持バイアスで説明できるでしょう。つまり，日本における経営者財務諸表開示行動のうち，貸借対照表の勘定式と報告式の開示行動は，デフォルト効果（初期設定効果）と現状維持バイアスからも明らかにすることができます。

9－5．小　括

　日本における，貸借対照表及び損益計算書の勘定式と報告式の開示行動において多くの企業が会社法と金融商品取引法がそれぞれ推奨する方式を採用していることを，行動経済学から仮説演繹法で明らかにしてきました。本来，勘定式と報告式は，形式は異なりますが，内容は同じです。したがって，両者の選択に大きな偏りが生じるのは不自然です。そこで，ここでは，経営者が財務諸表開示行動をおこなうことを前提に，会計情報の受け手である投資者等のステイクホルダーの中に，限定合理性から，同じ内容であっても，心理的な要因で異なる反応をすることを仮定し，フレーミング効果を想定して，会社法や金融商品取引法が推奨する方式が採用されたと説明しています。また，経営者の中で，自らの限定合理性から，自らがフレーミング効果の影響を受け，会社法や金融商品取引法が推奨する方式が有用であると考え選択したものもいるのではないかと考えています。また，多くの経営者がおこなっている選択行動に影響（特に規範的影響）を受け，同調効果から同じ選択をしたものや，それとは反対に，少数において，会社法に見られるような，スノッブ効果が見られました。

　また，多くが，会社法と金融商品取引法の推奨する方式を採用している理由として，さらにデフォルト効果（初期設定効果）と現状維持バイアスから選択したものも少なからずいると結論づけています。

　もちろん，この他の要因が存在する可能性はあります。ここで述べているのは，あくまでも主な要因であります。

【注】

1）本章は，『比較法文化』第25号「経済心理からみる経営者財務会計行動論　勘定式と報告式の選択（1）」と『駿河台大学論叢』第62号「経済心理からみる経営者財務会計行動論　勘定式と報告式の選択（2）」を加筆修正したものです。

2）機能別区分の場合，費用の性質別の情報を補足情報として加えることで性質別区分と同等になると考えられます。

3）会第435条第2項，計規第59条第1項。

4）計規第73条。

5）計規第74条第1項，計規第74条第2項。

6）計規第75条。

7）計規第76条第1項。

8）計規第76条第2項。

9）計規第76条第4項，計規第76条第5項。

10）計規第76条第7項。

11）計規第88条第1項。

12）計規第89条。

13）計規第90条。

14）計規第91条。

15）計規第92条。

16）計規第93条。

17）計規第94条。

18）会社が原則として1億円以上の有価証券（株券・社債券など）の募集または売出しをおこなう場合には内閣総理大臣に有価証券届出書を提出しなければなりません（金商第5条第1項）。

19）金融商品取引所に上場されている有価証券の発行者，店頭売買有価証券として登録され

た有価証券の発行者，有価証券届出書または発行登録追補書類を提出した有価証券の発行
者および過去5年間の事業年度末のいずれかの末日における株主数が1,000人以上である
株式の発行会社等は，事業年度経過後3カ月以内に，有価証券報告書を内閣総理大臣に提
出しなければなりません（金商第24条第1項）。

20）金商第25条第1項，金商第25条第2項。

21）情報インダクタンス（information inductance）に関する Prakash 及び Rappaport の議
論で，情報の送り手の行動が，〔送り手みずからが送り出す〕情報によって影響を受ける
ことを意味します。詳しくは Prakash and Rappaport（1977）を参照してください。

22）たとえば，キャッシュ・フロー計算書において，受取利息，受取配当金，支払利息，そ
して支払配当金の区分について，遠藤によると，2000年から2004年にかけて，金融商品
取引法適用会社の中から，任意の100社を抽出した場合，第1法を採用している会社が97
社で，2社は第2法を採用し，残る1社は，どちらでもない方法を採用していました。遠
藤（2010，p.113）。

23）Leibenstein（1952）。

第10章 包括利益計算書の1計算書方式と2計算書方式の選択[1)]

10−1．問題提起

　本章でとりあげる行動経済学の，フレーミング効果，アンカリング効果，同調効果及びスノッブ効果の問題は，合理的経済人の場合には問題にならない内容でありますが，限定合理性の経済人で心理的な影響を受けるものには，大きな問題になります。

　フレーミング効果の問題は，情報内容が同じである一方，その表現の仕方が異なることで，異なる情報効果を生じることを意味します。ここで注意しなければならないのは，あくまでも情報内容が同じである点であります。もし，情報内容が異なっているならば，表現の仕方が異なることとは別に，その結果として情報効果が異なることは当然の帰結になるからです。

　ここでは，会計学上，フレーミング効果，アンカリング効果，同調効果，及びスノッブ効果の問題と関わりがあると思われるものとして包括利益計算書の1計算書方式と2計算書方式の開示行動を取上げましょう。

10−2．財務諸表開示行動

　これまでの見解にもとづき，経営者が財務諸表開示行動をおこなうことを前提に，日本の上場企業における経営者の包括利益計算書の1計算書方式と2計算書方式の開示行動について以下考察し，仮説演繹法で明らかにすることにします。

　日本の上場企業の経営者の包括利益計算書の 1 計算書方式と 2 計算書方式の開示行動でありますが，面白いことに 2011 年 3 月期決算の東証上場企業 1,506 社のうち，1,460 社が 2 計算書方式で，46 社が 1 計算書方式でありました[2]。

　そこで，包括利益計算書の 1 計算書方式と 2 計算書方式を次に示しましょう。日本の個別財務諸表では，現在，企業の最終的な利益として，当期純利益が位置づけられています。しかしながら，連結財務諸表では，企業会計基準第 25 号「包括利益の表示に関する会計基準」にありますように，包括利益の表示を指示しています。この包括利益でありますが，これは，純資産額の期中変化をもたらす利益を意味しており，この場合の純資産額は，資本概念を株主資本と評価・換算差額等（連結財務諸表では，「その他の包括利益累計額」という）の合計として算定される自己資本とし，これに新株予約権を加算して算定されます。ゆえに，包括利益とは，特定期間における純資産の変動額のうち，企業所有者である株主との直接的な取引によらない部分であると定義することができます。この場合，次の式のようなクリーン・サープラス関係が成立すると考えられます。

　期首の純資産 ＋ 包括利益 － 剰余金の配当 ＝ 期末の純資産　　　　　　(1)

　企業会計基準第 25 号「包括利益の表示に関する会計基準」の包括利益は，当期純利益にその他の包括利益を加減して算出されるのでありますが，その他の包括利益には，個別財務諸表では純資産直入法によって評価・換算差額等に計上されている①その他有価証券評価差額金，②繰延ヘッジ損益，連結財務諸表のみで計上される，③退職給付に係る調整額と④為替換算調整勘定が含まれます。

　企業会計基準第 25 号「包括利益の表示に関する会計基準」の包括利益計算書には，1 計算書方式と 2 計算書方式の 2 つの方式があります。2 計算書方式は，多くの日本の企業で採用されており，当期純利益をボトムラインとする損益計算書とは別の書面として包括利益計算書を作成する方式であり，包括利益計算書の上で，損益計算書で算定された当期純利益に「その他の包括利益」の

図表10－1	2計算書方式と1計算書方式

2計算書方式		1計算書方式	
損益計算書		損益及び包括利益計算書	
売上高	×××	売上高	×××
諸費用	×××	諸費用	×××
当期純利益	1,000	当期純利益	1,000
		その他の包括利益	
包括利益計算書		その他有価証券	
当期純利益	1,000	評価差額金	500
その他の包括利益		繰延ヘッジ損益	100
その他有価証券		その他の包括利益合計	600
評価差額金	500	包括利益	1,600
繰延ヘッジ損益	100		
その他の包括利益合計	600		
包括利益	1,600		

出所：桜井（2016, p.303）

内訳項目を加減して包括利益を算出する一方，1計算書方式とは，当期純利益の算定に続けて「その他の包括利益」の内訳項目を加減した損益及び包括利益計算書を作成し，ボトムラインに包括利益を表示する方式です。

2計算書方式と1計算書方式を示すと，図表10－1のとおりです。

この1計算書方式と2計算書方式は，表現は異なりますが，内容は同じと考えてよいでしょう。しからば，ある程度の偏りはあるかもしれませんが，経営者の包括利益計算書の1計算書方式と2計算書方式の開示選択行動に，前述ほどの極端な偏りがみられるのは，合理的経済人を想定した場合，考え難い事実といえるでしょう。

井上は，米国における経営者財務会計行動を説明する1つの概念図として，Kellyの図表を引用して，米国でおこなわれてきたエイジェンシー理論で経営者の財務会計行動を説明する試みに対して，日本での経営者財務会計行動には，そのような試みが上手く機能しないことを指摘し，エイジェンシー理論に代わり社会学からかような経営者の財務会計行動を説明しています。

　ここでも，Kelly のフローチャートでは，日本における経営者の財務諸表開示行動である，包括利益計算書の 1 計算書方式と 2 計算書方式の開示行動を説明することは困難であると考えます。なぜならば，包括利益計算書の 1 計算書方式と 2 計算書方式の開示選択行動自体が経営者の報酬等に結びつくとは考えられないからです。

　経営者は，通常，情報の受け手である投資者などのステイクホルダーがいかような情報効果を有するかを想定して会計情報の開示をおこなうという情報インダクタンスを有していると考えられています[3]。

　かように考えると，経営者が前述のように，2 計算書方式を極端に多く開示しているのは，表現の仕方が異なるならば，投資者などのステイクホルダーが異なる反応をすると想定しているからであると考えることが適切でしょう。

　しかしながら，かような投資者などのステイクホルダーの異なる反応を伝統的な経済学が想定している合理的経済人からは説明できません。そこで，ここでは行動経済学から，かような投資者などのステイクホルダーの異なる反応を説明しようと思います。このような，表現は異なるが，内容は同じものに異なる反応をすることを，行動経済学では説明できます。

10 － 3．行動経済学

　①フレーミング効果

　前述の経営者の包括利益計算書の 2 計算書方式を多く開示行動する財務諸表開示行動の場合，これまでにも述べてきたフレーミング効果を想定していると思われます。しかしながら，Tversky 及び Kahneman の「アジアの疫病」の研究で想定しているプロスペクト理論は，この経営者の包括利益計算書の 2 計算書方式を多く開示選択する財務諸表開示行動には直接かかわりません[4]。ここで問題になっているのは，当期純利益の位置づけなのであります。1 計算書方式では，当期純利益は包括利益を計算するまでの単なる過程の中の利益に過ぎません。一方，2 計算書方式では，損益計算書のボトムラインとして一旦，

当期純利益で終結し，改めて，包括利益計算書では当期純利益から始まり，包括利益で終結しているのです。かように，2計算書方式は，みかたによっては，当期純利益と包括利益を対等な利益として，投資者などのステイクホルダーの意思決定に重要な影響を及ぼすものとして位置づけているかのようであります。かようにボトムラインの利益にこだわることも実は，標準的な経済学の合理的経済人では想定できないことであります。やはりそこに心理的な要因が関わることになります。行動経済学では，それをアンカリング効果といいます。そこで，アンカリング効果をみてみましょう。

②アンカリング効果

アンカリング効果とは，人間が複数の情報を逐次的に処理して判断する場合に，最初の情報から初期値をまず設定して，次の情報はその初期値を修正するのに用いるという傾向を指すものです。

Bar-Hillel の実験では，次の事象に対する被験者の選好について実証分析がおこなわれています。

①赤と白のおはじきが同数入った袋から赤を取出します。

②赤が90％，白が10％のおはじき袋から7回連続して赤を取出します（1回ごとに取出したおはじきは元に戻します）。

③赤が10％，白が90％のおはじきの袋から7回のうち1回でも赤を取出します（1回ごとに取出したおはじきは元に戻します）。

これらの事象の発生確率を客観的に計算すれば，①は50％②は48％③は52％です。しかしながら，実験結果では，被験者は①と②では②をより好み，①と③では①を好むという確率とは逆の結果が出ています。Tversky 及び Kahneman によれば，このような客観的な確率とは逆の選好があらわれたのは被験者にアンカリング効果が生じ，その確率を判断したからであります。被験者はそれぞれの確率を判断しようとする場合，まず，アンカーとして初期値を定めることになりますが，この場合に，それは1回の試行で目的を達成する確率で②は90％，③は10％になります。この初期値に対して，②に対しては

下方に確率を修正するようにアジャストし，③に対しては上方に確率を修正するようにアジャストすることになりますが，通常，アジャストメントは不十分にしかおこなわれません。ゆえに，②については最初の 90％という高い値に引っ張られてその確率を過大に判断しがちになり，③については最初の 10％という低い値に引っ張られてその確率を過小に判断しがちになります。

　当期純利益と包括利益の場合，1 計算書方式では，包括利益がアンカーとして初期値になりますが，2 計算書方式の場合には，損益計算書が当期純利益でいったん終了していることから，当期純利益がアンカーとして初期値になり，包括利益計算書でボトムラインになる包括利益はその修正としての役割になります。

　かようにみる場合，1 計算書方式と 2 計算書方式は，標準的な経済学で想定している合理的経済人には同じでありますが，行動経済学で想定している限定合理的な経済人には，1 計算書方式では包括利益がアンカーとして初期値になりますが，2 計算書方式では損益計算書が当期純利益でいったん終了していることから，当期純利益がアンカーとして初期値になり，包括利益計算書でボトムラインになる包括利益はその修正としての役割になり，1 計算書方式よりも当期純利益の有用性が高いことになります。

　それでは，なぜ，かような 1 計算書方式と 2 計算書方式という，表現は異なるが 2 つの様式を企業会計基準第 25 号「包括利益の表示に関する会計基準」は想定したのでしょうか。筆者は，そこに米国や日本などでおこなわれた実証研究が大きな影響を及ぼしていると考えます。当期純利益と包括利益の有用性に関する実証研究からわかることは，当期純利益は，包括利益に比較した場合，相対的に情報内容が高いことから，その重要性は包括利益と少なくとも対等以上であることがわかるのです[5]。かような実証研究の実証結果は，会計基準を設定する企業会計基準委員会に少なからず影響を及ぼしていると筆者は考えるのです。

10－4．同調効果とスノッブ効果

　これまで述べてきた仮説をもとに演繹的に経営者財務諸表開示行動（包括利益計算書の1計算書方式と2計算書方式の開示選択行動）を仮説演繹法で明らかにしたいところでありますが，先述のようにここで経営者が合理的経済人だけでないことにふれなければならないでしょう。会計情報の利用者である投資者等のステイクホルダーについて合理的経済人と限定合理的な経済人を想定したように，経営者にも限定合理的な経済人が存在することは否定できません。さすれば，かような限定合理的な経済人の多くがなぜ包括利益計算書の2計算書形式を採用したのでしょうか。ここは，その大きな要因として，経営者自身にフレーミング効果とアンカリング効果が影響していることと，心理的要因として存在している同調効果または同調圧力，そしてスノッブ効果が作用したからではないかと考えます。

　経営者自身にフレーミング効果とアンカリング効果が影響している場合，経営者自身が，本来内容が同じ1計算書方式と2計算書方式を異なるものと考え，2計算書方式が有用であると位置づけて公表していると考えられるのです。

　また，心理的要因である同調効果または同調圧力が作用した場合，他の経営者の財務諸表開示行動が影響していると考えます。また，少数が1計算書方式で開示しているのですが，それはスノッブ効果で説明できるでしょう。

10－5．小　括

　ここでは，日本における，包括利益計算書の1計算書方式と2計算書方式の開示選択において多くの企業が2計算書方式を採用していることを，行動経済学から仮説演繹法で明らかにしてきました。本来，1計算書方式と2計算書方式は，形式は異なりますが，内容は同じです。したがって，両者の開示行動にかような大きな偏りが生じるのは不自然であります。そこで，ここでは，経営

者が財務諸表開示行動をおこなうことを前提に，会計情報の受け手である投資
者等のステイクホルダーの中に，限定合理性から，同じ内容であっても，心理
的な要因で異なる反応をすることを仮定し，フレーミング効果やアンカリング
効果を想定して，２計算書方式が多く採用されたと説明しています。また，経
営者の中で，自らの限定合理性から，かような２計算書方式の選択を想定でき
なかったものも，自らがフレーミング効果やアンカリング効果に影響を受け，
２計算書方式が有用であると考え２計算書方式を選択したものもいるのではな
いかと考えています。また，多くの経営者がおこなっている開示行動に影響を
受け，同調効果から同じ選択をおこなったものや，逆に少数が異なる１計算書
方式を選択したのは，スノッブ効果から説明できます。

　もちろん，この他の要因が存在する可能性はあります。ここで述べているの
は，あくまでも主な要因であります。

【注】

1 ）本章は，『駿河台経済論集』第 27 巻第 2 号「行動経済学からみる経営者財務会計行動
　　論：包括利益と純利益の開示方法の選択について」を加筆修正したものです。

2 ）詳しくは，税務研究会「『包括利益計算書』2 計算書方式が大多数」＜ http://www.
　　zeiken.co.jp/news/1433282.php ＞ 2011.05.23 更新　を参照してください。なお，2016 年に
　　おいて，日本基準から IFRS へ移行した有価証券報告書提出企業 51 社では，42 社が 2 計
　　算書方式で，9 社が 1 計算書方式でありました。

3 ）情報インダクタンス（information inductance）に関する Prakash 及び Rappaport の議
　　論で，情報の送り手の行動が，〔送り手みずからが送り出す〕情報によって影響を受ける
　　ことを意味します。詳しくは Prakash and Rappaport（1977）を参照してください。

4 ）Tversky and Kahneman（1974）。

5 ）詳しくは，若林（2009），河合（2010）を参照してください。

第11章 キャッシュ・フロー計算書の間接法と直接法の選択[1]

11-1. 問題提起

　ここでとりあげる行動経済学の，フレーミング効果，同調効果，スノッブ効果，デフォルト効果（初期設定効果），現状維持バイアスの問題は，合理的経済人の場合には問題にならなかった内容でありますが，限定合理性の経済人で心理的な影響を受けるものには，大きな問題となり，経営者の財務会計行動を説明するのに非常に役立っています。

　たとえば，フレーミング効果は，情報内容が同じである一方，その表現の仕方が異なることで，異なる情報効果が生じることを示唆しています。ここで取り上げるキャッシュ・フロー計算書の間接法と直接法の選択は，表現は異なるが営業キャッシュ・フローを説明している点で内容に違いはありません。フレーミング効果の場合，特に注意しなければならないのは，あくまでも情報内容が同じである点であります。もし，情報内容が異なっているならば，表現の仕方が異なることとは別に，その結果として情報効果が異なることは当然の帰結になるからです。本章では，行動経済学のフレーミング効果を中心にキャッシュ・フロー計算書の間接法と直接法の選択行動を仮説演繹法で明らかにしていこうと思います。

11-2. 財務諸表開示行動論

　先述のように，経営者が財務諸表開示行動をおこなうことを想定し，日本の

上場企業における経営者のキャッシュ・フロー計算書の間接法と直接法の選択について以下考察し仮説演繹法で説明することにします。

　日本の上場企業の経営者のキャッシュ・フロー計算書の間接法と直接法の選択ですが，数値では2011年当時で，日本会計基準を適用している有価証券報告書提出会社は4,028社で，わずか25社だけが，直接法を採用しています[2]。

　この数値からわかるように，間接法の採用に異常な偏りが見られます。同じ情報内容であっても，何ら理由なく，どちらかが多く採用されることは一般には考えられ，ある程度の偏りがみられるのはむしろ自然なことであります。しかし，日本の企業がキャッシュ・フロー計算書の間接法と直接法を選択するのは，かような一般的な偏りでは説明できないでしょう。

| 図表11−1 | 直接法のキャッシュ・フロー計算書 |

営業活動によるキャッシュ・フロー		
営業収入	100	
受取利息の収入	10	
商品仕入の支出	△ 75	
給料・広告費の支出	△ 15	20
投資活動によるキャッシュ・フロー		
備品の取得		△ 50
財務活動によるキャッシュ・フロー		
短期借入金による調整		80
現金及び現金同等物の増加額		50

| 図表11−2 | 間接法のキャッシュ・フロー計算書 |

営業活動によるキャッシュ・フロー		
当期純利益	200	
減価償却費	30	
売掛金の増加	△ 180	
商品の増加	△ 40	
買掛金の増加	10	20
投資活動によるキャッシュ・フロー		
備品の取得		△ 50
財務活動によるキャッシュ・フロー		
短期借入金による調整		80
現金及び現金同等物の増加額		50

　以下，桜井の事例にもとづき，営業キャッシュ・フローについて間接法と直接法の表現の違いを明らかにしましょう。

　図表11‐1は直接法のキャッシュ・フロー計算書で，図表11‐2は間接法のキャッシュ・フロー計算書である。桜井によると「・・・（前略）直接法は主要な取引の種類別にキャッシュ・フローを総額表示する方法である。この方法のもとでは，連結損益計算書の収益の各項目の金額に所定の調整を加えることにより企業集団の収入の総額を導出したうえで，連結上の各費用項目に所定の調整を加えて算定した企業集団の支出の総額を控除して，1期間の資金の増減が明らかにされる[3)]」。

　「これに対して間接法は，当期純利益から出発して，収益と収入の食違い部分，および費用と支出の食違い部分を調整することにより，期中の資金の増減を明らかにする方法である。したがってこの方法のもとでは，連結損益計算書の税金等調整前当期純利益に所定の調整項目を加減する形式で，キャッシュ・フローが純額表示される[4)]」。

　直接法で表示されるキャッシュ・フロー計算書は，収支が総額表示される点で間接法よりもわかりやすいものの，実務上の手数を要します。他方，間接法で表示されたキャッシュ・フロー計算書は，純利益とキャッシュ・フローの関係を明示できる点で，直接法のキャッシュ・フロー計算書よりも優れています。

　かように，両者には優れた点があることから，直接法の実務上の手数を考慮して，ほぼ同じくらいの情報を投資者などのステイクホルダーに提供していると考えられます。しかしながら，実際のキャッシュ・フロー計算書の間接法と直接法の経営者の選択行動のように，極端な偏りがみられるのは，情報利用者を合理的経済人と想定した場合，考え難い事実といえるでしょう。

　数値から導き出される推論は，経営者は，限定合理性の投資者を想定して，間接法のキャッシュ・フロー計算書の方が，投資者に投資意思決定をおこなうにあたって有用性の高い情報を提供するということを想定して選択しているということです。

　井上は，米国における経営者財務会計行動を説明する１つの概念図として，これまで述べてきたように Kelly の図表を引用して，米国でおこなわれてきたエイジェンシー理論で経営者の財務会計行動を説明する試みに対して，日本での経営者財務会計行動には，そのような試みが上手く機能しないことを指摘しています。エイジェンシー理論は，今日の日本経済では，ある程度，経営者の報酬等に結びつく財務会計行動を説明できると思われますが，これから述べるキャッシュ・フロー計算書の間接法と直接法の選択の場合，Kelly のフローチャートでは，説明することが難しいと思われます。なぜならば，キャッシュ・フロー計算書の間接法と直接法の選択行動自体が経営者の報酬等に結びつくとは考えられないからです。

　経営者は，通常，情報の受け手である投資者などのステイクホルダーがいかような情報効果を有するかを想定して会計情報の開示をおこなうという情報インダクタンスを有していると考えられています[5]。経営者が，キャッシュ・フロー計算書を公表する場合，情報利用者である投資者が合理的経済人とみなして，間接法も直接法もほぼ同じような情報内容ならば，直接法の方が，手数がかかることから，間接法を採用していると考えることもできます。しかしながら，それだけでは，あまりに極端な数値を説明するには不十分でしょう。かように考えると，経営者が前述のように，キャッシュ・フロー計算書を，間接法で極端に多くが開示しているのは，表現の仕方が異なるならば，投資者などのステイクホルダーが異なる反応をすると想定しているからです。いわゆる限定合成性の投資者を少なからず想定しているからであると考えることが適切でしょう。

　しかしながら，かような投資者などのステイクホルダーの異なる反応をこれまでの標準的な経済学からは説明できません。そこで，ここでは行動経済学から，かような投資者などのステイクホルダーの異なる反応を仮説演繹法で説明しようと思います。このような表現は異なるが，内容は同じものに異なる反応をすることを，行動経済学ではフレーミング効果といいます。

11−3．フレーミング効果

　情報内容が同じであっても，表現が異なれば，実験の被験者が異なる反応を
するという効果を行動経済学ではフレーミング効果といいます。前述のように
経営者がキャッシュ・フロー計算書を作成するときに間接法を直接法よりも選
択する場合，何かしらのフレーミング効果を想定していると思われます。しか
しながら，Tversky 及び Kahneman の「アジアの疫病」の研究で想定してい
るプロスペクト理論は，会計情報を提供する経営者の限定合理性には関りを持
ちうるが，会計情報の利用者の投資意思決定には直接関わりません。ここで問
題になっているのは，キャッシュ・フロー計算書の営業キャッシュ・フローを
間接法で表わした場合と，直接法で表わした場合にそれぞれで，投資者が異な
る反応をする可能性があると信じて，経営者が財務諸表開示行動をとっている
ということです。すなわち，著しく多くの企業の経営者がキャッシュ・フロー
計算書で間接法を選択する一因として，間接法ならば純利益とキャッシュ・フ
ローの関係を明示できる点で直接法よりも優れていると限定合理性の情報の利
用者である投資者が考えると，経営者が想定していると思われるのです。

11−4．限定合理性の経営者の財務諸表開示行動

　これまで述べてきた仮説をもとに演繹的に経営者財務諸表開示行動（キャッ
シュ・フロー計算書の間接法と直接法）を明らかにしたいところですが，ここで一
つだけ経営者が合理的経済人だけでないことにふれなければならないでしょ
う。会計情報の利用者である投資者等のステイクホルダーについて合理的経済
人と限定合理的な経済人を想定したように，経営者にも限定合理的な経済人が
存在することは否定できません。さすれば，かような限定合理的な経済人の極
端に多くがキャッシュ・フロー計算書で間接法を直接法よりも採用したので
しょうか。ここでは，さらなる要因として，経営者自身にフレーミング効果が

影響していることと，心理的要因としての同調効果またはスノッブ効果，そしてデフォルト効果（初期設定効果）と現状維持バイアスが作用したからではないかと考えます。

①限定合理性の経営者のフレーミング効果

　経営者自身が，他の面では合理的でも会計に関して限定合理的に行動することは，決して珍しくないと思われます。かように考えた場合に，経営者自身が，間接法の方が直接法よりも純利益とキャッシュ・フローの関係を明示できる点で優れていると考え，自ら間接法を選んでいることも著しく間接法が選択されている一因として考えられます。

②同調効果とスノッブ効果

　また，限定合理的な経営者の場合，自らがフレーミング効果で行動するばかりでなく，他の経営者の財務諸表開示行動（この場合，キャッシュ・フロー計算書で間接法を直接法よりも選択する）に同調して間接法を採用したものが多くいたことも一因であると考えます。また，少数であるが，直接法を採用した企業が存在するのは，スノッブ効果で説明できるでしょう。

③デフォルト効果（初期設定効果）および現状維持バイアス

　キャッシュ・フロー計算書で間接法が多く採用される要因として，さらに同調効果とは別の要因が作用していると考えています。そこで，かような要因として，次にデフォルト効果（初期設定効果）および現状維持バイアスの影響を述べましょう。

　キャッシュ・フロー計算書の場合，日本ばかりでなく国際会計基準でも，間接法が著しく採用されているのですが，キャッシュ・フロー計算書の基準が設定された当時，直接法の手数とコストが多くかかることから，デフォルト効果（初期設定効果）として間接法を多くの企業が採用したことにより，手数やコストが軽減された昨今でも変更しないことは少なからず考えられます。かよう

に，限定合理性のある経済人である経営者の多くは，デフォルト効果（初期設定効果）や現状維持バイアスによってキャッシュ・フロー計算書で間接法を直接法よりも多く選択しているとも考えられます。

11−5．小　括

　ここでは，日本における，キャッシュ・フロー計算書の間接法と直接法の選択においてあまりに多くの企業が間接法を採用していることを，行動経済学から仮説演繹法で明らかにしてきました。本来，間接法と直接法は，表現は異なるが，同じ営業キャッシュ・フロー数字を計算していることから内容はほぼ同じであると思われます。したがって，両者の選択にかような大きな偏りが生じるのは不自然です。そこで，ここでは，経営者が財務諸表開示行動をおこなうことを前提に，キャッシュ・フロー計算書で間接法が著しく採用されるのは，直接法の方が，手数がかかることから，ほぼ同じ情報ならば，間接法で十分と考えるものが少なからずいたと考えられるものの，会計情報の受け手である投資者等のステイクホルダーの中に，限定合理性から，同じ内容であっても，心理的な要因で異なる反応をすることが影響していることがさらに著しい偏りを生じさせていることを指摘しています。つまり，限定合理的な投資者が純利益とキャッシュ・フローの関係を明示することを重視し，フレーミング効果を有すると経営者が想定して，間接法を多く採用したことも間接法が著しく採用されている一因であると考えられるのです。また，経営者の中で，自らの限定合理性から，そのフレーミング効果に影響を受け，純利益とキャッシュ・フローの関係を明示することを重視し，間接法が有用であると考え，間接法を選択しているのも一因と考えられます。また，多くの経営者がおこなっている選択行動に影響を受け，同調効果から間接法を選択したものや，デフォルト効果（初期設定効果）によって現状維持バイアスから間接法を選択したものも少なからずいると考えられます。

　もちろん，この他の要因が存在する可能性はあります。ここで述べているの

は，あくまでも主な要因であります。

【注】

1）本章は，『駿河台大学論叢』第57号「経済心理からみる経営者財務会計行動論：キャッシュ・フロー計算書の間接法と直接法の選択について」を加筆修正したものです。

2）新日本有限責任監査法人 ナレッジセンター・リサーチ「営業活動によるキャッシュ・フローを直接法にて開示している会社」< https://www.shinnihon.or.jp/corporate-accounting/case-study/2012/2012-09-24.html > 2012.9.24 更新

3）桜井（2018, p.380）。

4）桜井（2018, p.380）。

5）情報インダクタンス（information inductance）に関する Prakash 及び Rappaport の議論で，情報の送り手の行動が，〔送り手みずからが送り出す〕情報によって影響を受けることを意味します。詳しくは Prakash and Rappaport（1977）を参照してください。

第12章 キャッシュ・フロー計算書の間接法の開示方法[1]

12－1．問題提起

　ここでとりあげる，行動経済学の，フレーミング効果，同調効果，スノッブ効果，デフォルト効果（初期設定効果），及び現状維持バイアスの問題は，合理的経済人の場合には問題にならなかった内容ですが，限定合理性の経済人で心理的な影響を受けるものには，大きな問題となり，経営者の財務諸表開示行動を説明するのに非常に役立っていると筆者は考えています。

　たとえば，フレーミング効果は，情報内容が同じである一方，その表現の仕方が異なることで，異なる情報効果が生じることを示唆しています。ここで取り上げるキャッシュ・フロー計算書の第1法と第2法の選択は，表現は異なるが重要性の観点から，その内容に違いはないと考えられています。フレーミング効果の場合，特に注意しなければならないのは，あくまでも情報内容が同じである点であります。もし，情報内容が異なっているならば，表現の仕方が異なることとは別に，その結果として情報効果が異なることは当然の帰結になるからです。

　ここでは，行動経済学のフレーミング効果を中心にキャッシュ・フロー計算書の第1法と第2法の選択行動を仮説演繹法で明らかにしていこうと思います。

12－2．財務諸表開示行動

　先述のように，経営者が実際に財務諸表開示行動をおこなっているのか否か
についてはよく問題になります。しかしながら，財務諸表開示行動の過程の中
で多くの時間を割いて決定案を出すのが財務部の責任者だとしても，最終決定
を下すのは，やはり経営者ではないでしょうか。ここではかような見解にもと
づき，経営者が財務諸表開示行動をおこなうことを想定し，日本の上場企業に
おける経営者のキャッシュ・フロー計算書の第1法と第2法の選択について以
下考察し仮説演繹法で明らかにすることにします。

　遠藤によると，2000 年から 2004 年にかけて，金融商品取引法適用会社の中
から，任意の 100 社を抽出した場合，第1法を採用している会社が 97 社で，2
社は第2法を採用し，残る1社は，どちらでもない方法を採用していました[2]。

　この数値からわかるように，第1法の採用に異常な偏りが見られます。同じ
情報内容であっても，何ら理由なく，どちらかが多く採用されることは一般に
は考えられ，ある程度の偏りがみられるのはむしろ自然なことであります。し
かし，日本の企業がキャッシュ・フロー計算書の第1法と第2法を選択するの
は，かような一般的な偏りでは説明できないと考えられます。

　以下，桜井の事例にもとづき，営業キャッシュ・フローについて第1法と第
2法の表現の違いを明らかにしましょう。

図表 12 － 1	第1法と第2法の採用数

（全 100 社）

第1法を採用	97 社
第2法を採用	2 社
どちらでもない	1 社

出所：遠藤（2010, p.113）をもとに筆者が作成

88━━━◎

図表 12 − 2　キャッシュ・フロー計算書の第1法と第2法

（第1法）

営 業 活 動	受 取 利 息	受取配当金	支 払 利 息
投 資 活 動			
財 務 活 動	支払配当金		

（第2法）

営 業 活 動		
投 資 活 動	受 取 利 息	受取配当金
財 務 活 動	支払配当金	支 払 利 息

出所：桜井（2015，pp.111-112）をもとに筆者が作成

　図表12 − 2はキャッシュ・フロー計算書の第1法と第2法です。桜井によると第1法は，「受取利息・受取配当金・支払利息を営業活動の区分に記載し，支払配当金を財務活動の区分に記載する方法。この方法によると，営業活動からのキャッシュ・フローの純額は，損益計算書の経常利益と同様に，毎期反復して生じる経常的な収支項目の純額を示すことになる[3]」。

　これに対して，第2法は，「受取利息と受取配当金を投資活動の区分に記載し，支払利息と支払配当金を財務活動の区分に記載する方法。これは受取項目が投資活動の成果を表し，支払項目が財務活動による資金調達に付随することを考慮したものである[4]」。

　遠藤によると，「第1法は，利息収支・配当金収入を CFO に分類し，配当金支出を CFF に分類する方法である。これは CFO と損益計算書の経常損益との関連を重視する方法である[5]」。一方，第2法は，遠藤によると，「第2法は利息収入・配当収入を CFI に分類し，利息支出・配当金支出を CFF に分類する方法である。これは収入項目が投資の成果であり，支出項目が資金調達に関連していることをふまえて，キャッシュ・フロー計算書における取引の分類の首尾一貫性を重視する方法である[6]」。

　かように，両者には優れた点があることから，第1法も第2法も，重要性の乏しい場合には，ほぼ同じくらいの情報を投資者などのステイクホルダーに提

供していると考えられます。しかしながら，実際のキャッシュ・フロー計算書の第1法と第2法の経営者の選択行動のように，極端な偏りがみられるのは，情報利用者を合理的経済人と想定した場合，考え難い事実といえるでしょう。

　数値から導き出される推論は，経営者は，限定合理性の投資者を想定して，第1法のキャッシュフロー計算書の方が，投資者に投資意思決定をおこなうにあたって有用性の高い情報を提供するということを想定して選択しているということであります。

　井上は，米国における経営者財務会計行動を説明する1つの概念図として，Kellyの図表を引用して，米国でおこなわれてきたエイジェンシー理論で経営者の財務会計行動を説明する試みに対して，日本での経営者財務会計行動には，そのような試みが上手く機能しないことを指摘しています。キャッシュ・フロー計算書の第1法と第2法の選択の場合，Kellyのフローチャートでは，説明することが難しいと思われます。なぜならば，キャッシュ・フロー計算書の第1法と第2法の選択行動自体が経営者の報酬等に結びつくとは考えられないからであります。

　通常，経営者は，情報の受け手である投資者などのステイクホルダーがいかような情報効果を有するかを想定して会計情報の開示をおこなうという情報インダクタンスを有していると考えられています[7]。経営者が，キャッシュ・フロー計算書を公表する場合，情報利用者である投資者が合理的経済人とみなして，第1法も第2法もほぼ同じような情報内容ならば，幾分かの偏りは想定できるものの，先述のように，それだけでは，あまりに極端な数値を説明するには不十分であります。かように考えると，経営者が前述のように，キャッシュ・フロー計算書を，第1法で極端に多くが開示しているのは，表現の仕方が異なるならば，投資者などのステイクホルダーが異なる反応をすると想定している，いわゆる限定合成性の投資者を少なからず想定しているからであると考えることが適切でしょう。

　しかしながら，かような投資者などのステイクホルダーの異なる反応をこれまでの標準的な経済学からは説明できません。そこで，ここでは行動経済学か

ら，かような投資者などのステイクホルダーの異なる反応を仮説演繹法で説明しようと思います。このような表現は異なるが，内容は同じものに異なる反応をすることを，行動経済学ではフレーミング効果といいます。

12－3．フレーミング効果

情報内容が同じであっても，表現が異なれば，実験の被験者が異なる反応をするという効果を行動経済学ではフレーミング効果といいます。

「論理的に等価の問題であっても，選択肢の表現の仕方や枠組みの違いが選好に影響する現象をフレーミング効果と呼ぶ。例えば，生存率97％という場合と，死亡率3％という場合とでは，心理的には異なる問題となり，意思決定に影響を与える[8]」。

Tversky 及び Kahneman の「アジアの疫病」の研究で想定しているプロスペクト理論は，会計情報を提供する経営者の限定合理性には関りを持ちえますが，会計情報の利用者の投資意思決定には直接関わりません。ここで問題になっているのは，キャッシュ・フロー計算書の受取利息，受取配当金，支払利息，支払配当金を第1法で表わした場合と，第2法で表わした場合にそれぞれで，投資者が異なる反応をする可能性があると信じて，経営者が財務諸表開示行動をとっているということです。すなわち，著しく多くの企業の経営者がキャッシュ・フロー計算書で第1法を選択する一因として，第1法ならば経常損益を重視する点で第2法よりも優れていると限定合理性の情報の利用者である投資者が考えると，経営者が想定していると思われるのです。

12－4．限定合理性の経営者の財務諸表開示行動

これまで述べてきた仮説をもとに演繹的に経営者財務諸表開示行動（キャッシュ・フロー計算書の第1法と第2法）を仮説演繹法で明らかにしたいところでありますが，ここで一つだけ経営者が合理的経済人だけでないことにふれなけれ

ばなりません。会計情報の利用者である投資者等のステイクホルダーについて合理的経済人と限定合理的な経済人を想定しましたように，経営者にも限定合理的な経済人が存在することは否定できません。さすれば，かような限定合理的な経済人の極端に多くがキャッシュ・フロー計算書で第1法を第2法よりも採用したのでしょうか。ここでは，さらなる主な要因として，経営者自身にフレーミング効果が影響していることと，心理的要因である同調効果，スノッブ効果，そしてデフォルト効果（初期設定効果）と現状維持バイアスが作用したからではないかと考えます。

　①限定合理性の経営者のフレーミング効果

　経営者自身が，他の面では合理的でも会計に関して限定合理的に行動することは，決して珍しくないと思われます。かように考えた場合に，経営者自身が，第1法の方が第2法よりも経常損益を重視する点で第2法よりも優れていると考え，自ら第1法を選んでいることも著しく第1法が選択されている一因として考えられます。

　②同調効果とスノッブ効果

　また，限定合理的な経営者の場合，自らがフレーミング効果で行動するばかりでなく，他の経営者の財務諸表開示行動（この場合，キャッシュ・フロー計算書で第1法を第2法よりも選択します）に同調して第1法を採用したものが多くいたことも一因であるとここでは考えます。他方，少数ではありますが，第2法を採用した例や，どちらでもない企業が存在するのは，スノッブ効果の影響を受けていると思われます。

　③デフォルト効果（初期設定効果）および現状維持バイアス

　キャッシュ・フロー計算書で第1法が多く採用される要因としてさらに同調効果とは別の要因が作用していると考えています。そこで，かような要因として，次にデフォルト効果（初期設定効果）および現状維持バイアスの影響を述べ

ましょう。

　キャッシュ・フロー計算書の場合，前述のように，第1法が著しく採用され
ているのですが，キャッシュ・フロー計算書の基準が設定された当時，第1法
を採用する企業が多かったことから，デフォルト効果（初期設定効果）により，
第1法を多くの企業が今なお採用していることが想定できます。かような場
合，さらに，現状維持バイアスも加わり，第1法を採用し続けているとも考え
られます。

　かように，限定合理性のある経済人である経営者の多くは，デフォルト効果
（初期設定効果）や現状維持バイアスによってキャッシュ・フロー計算書で第1
法を第2法よりも多く選択していると考えることができます。

12-5. 小　括

　ここは，日本における，キャッシュ・フロー計算書の第1法と第2法の選択
においてあまりに多くの企業が第1法を採用していることを，行動経済学から
仮説演繹法で明らかにしてきました。本来，第1法と第2法は，表現は異なる
が，重要性がない場合，内容はほぼ同じであると思われます。したがって，両
者の選択にかような大きな偏りが生じるのは不自然です。そこで，ここでは，
経営者が財務諸表開示行動をおこなうことを前提に，キャッシュ・フロー計算
書で第1法が著しく採用されるのは，会計情報の受け手である投資者等のステ
イクホルダーの中に，限定合理性から，同じ内容であっても，心理的な要因で
異なる反応をするものがいることが影響しており，そのことがさらに著しい偏
りを生じさせていることを指摘しています。つまり，限定合理的な投資者がフ
レーミング効果を有すると経営者が想定して，第1法を多く採用したことも第
1法が著しく採用されている一因であると考えられるのです。また，経営者の
中で，自らの限定合理性から，そのフレーミング効果に影響を受け，経常損益
との関連を重視し，第1法が有用であると考え，第1法を選択しているのも一
因と考えられます。また，多くの経営者がおこなっている選択行動に影響を受

け，同調効果から第１法を選択したものや，多くの企業がはじめに第１法を採用したことによるデフォルト効果（初期設定効果）に現状維持バイアスが加わり第１法を選択し続けていると考えられます。

　もちろん，この他の要因が存在する可能性はあります。ここで述べているのは，あくまでも主な要因であります。

　なお，ここで断っておきますが，行動経済学ですべての経済行動を説明することはもちろんできません。行動経済学は，標準的な経済学で説明できない部分を補完して説明しているのです。本章は，かような試みの１つなのです。

【注】
1）本章は，『駿河台経済論集』第 29 巻第 1 号「行動経済学からみる経営者財務会計行動論：キャッシュ・フロー計算書の開示方法の選択について」を加筆修正したものです。
2）遠藤（2010，p.113）。
3）桜井（2015，pp.111-112）。財務諸表規則（第 106 条）。
4）桜井（2015，p.112）。財務諸表規則（第 106 条）。
5）遠藤（2010，p.113）。
6）遠藤（2010，p.113）。
7）情報インダクタンス（information inductance）に関する Prakash 及び Rappaport の議論で，情報の送り手の行動が，〔送り手みずからが送り出す〕情報によって影響を受けることを意味します。詳しくは Prakash and Rappaport（1977）を参照してください。
8）「科学辞典」「フレーミング効果」http://kagaku-jiten.com/cognitive-psychology/higher-cognitive/framing-effect.html 参照日 2017 年 7 月 7 日

第13章　　　　投資者行動（1）[1]

13－1．問題提起

　かつてアメリカにおいて，AAA の基礎的会計理論（A Statement on Basic Accounting Theory，以下 ASOBAT とする）により，有用な会計情報とは何かという問題が提起されました[2]。以後，物価変動会計情報をはじめ，キャッシュ・フロー会計情報など多くの会計情報が有用であるかどうかが会計学上議論されてきています。

　一方，ASOBAT と同じころ，有用な会計情報とは何かという研究とは別に，今公表されている会計情報は有用なのかという問題を提起し，証券市場でその有用性の存否を実証した会計研究者たちがいます。そのような試みをした会計研究者の先駆者として，Ball 及び Brown と Beaver があげられます[3]。Ball 及び Brown と Beaver が会計利益情報の有用性の存否を実証してから今日まで長い年月が過ぎました。その間，アメリカや日本などでは，Ball 及び Brown と Beaver の実証研究を踏襲し，延長し，そして，それを前提として数々の実証研究がなされてきています。

　Ball 及び Brown と Beaver の実証研究では，年次会計利益情報の開示時点における情報効果の存否について，株価を使用して算出された累積平均異常収益率に基づき評価しています。その情報効果はあまり大きくなく，一般には，年次利益情報の場合，実際的有用性よりも潜在的有用性がより多くあると考えられています[4]。ところが，近年，証券市場のアノマリーと呼ばれる実証結果が多数現れてきており，Ball 及び Brown と Beaver の実証研究で同時検定をおこなっ

ている効率的市場仮説に疑義を持ち始めた研究者が現れてきました。彼らは，市場が非効率的であることを示唆しており，そこに投資者が会計利益情報を使用して平均して異常収益を獲得する可能性（実際的有用性）を暗示しています。

　近年かような，市場の非効率性をサポートするものとして，行動ファイナンスや行動経済学が登場してきました。ここでは，証券市場のアノマリーと行動ファイナンスとを結びつけ，実際的有用性を提唱する論者に対して批判的な内容を提示し，合理的な市場での会計情報の実際的有用性を提唱します。

13－2．会計利益情報の有用性と効率的市場仮説

(1) 会計利益情報の有用性

　現行の会計利益情報をはじめとして会計情報がはたして有用であるのか否か，それは大きな問題です。アメリカでは，1960年代の後半から今日まで，そして日本においても1980年代から今日まで会計情報の有用性の存否について多くの実証研究がなされてきました。例えば，そのような中で，Ball及びBrownとBeaverの実証研究は著名であり，このような研究の先駆者としてその後の多くの実証研究に影響を及ぼしています。

　そこで簡潔ではありますが，彼らの実証研究と実証結果を紹介しましょう。Ball及びBrownは，会計利益情報と株価を使用し残差分析をおこないました。この場合，彼らはニューヨーク証券取引所上場企業をサンプルとし，その会計利益データと投資収益率を使用して会計利益情報の有用性（すなわち情報効果）の存否の実証研究をおこなっています。その場合彼らは，そのサンプルの投資収益率を会計利益の実績値とその期待値を比較して，グッドニュース（会計利益情報の公表月の実績値がその事前の期待利益より大きい）とバッドニュース（会計利益情報の公表月の実績値がその事前の期待利益よりも小さい）に大別し，それぞれのサンプルの投資収益率から個別企業の業績を反映する残差を算出し，その累積平均である平均異常収益率すなわち異常業績指数（Abnormal Performance Index，以下APIという）を算出しています。

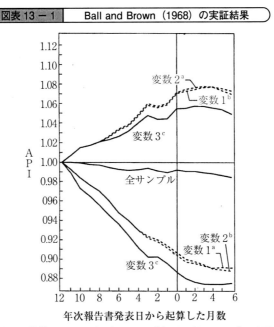

| 図表13−1 | Ball and Brown（1968）の実証結果 |

年次報告書発表日から起算した月数

a. 純利益を使用した指数モデルのグッドニュースとバッドニュースの API
b. 1株当たり利益を使用した指数モデルのグッドニュースとバッドニュースの API
c. 1株当たり利益を使用したナイーブモデルのグッドニュースとバッドニュースの API

出所：Ball and Brown（1968, p.169）

　図表13−1は Ball 及び Brown による実証結果を表わしています。縦軸に
株式の平均異常収益率である API をとり，横軸には会計利益情報の公表月を
中心にその前後の月数が示してあります。この API は丁度，会計利益情報の
公表月より1年前（12ヶ月前）から公表月の6ヶ月後までにわたって描写され
ており，1.00 から発して，グッドニュースの場合は会計利益情報公表月まで上
昇しており，とりわけ会計利益情報公表月の前から公表月にかけて異常な上昇
が見られます。このことは，決算時に情報効果（異常収益が得られるが価格に新情
報が瞬時に織り込まれるので平均して獲得することはできません）が実証されたこと，
そして会計利益情報と株価が相関関係にあることを示唆しています。またこの
API は，実際には過去のデータを使用しているものの，それは，事前にその

新情報（グッドニュース）を知っていたならば，どれだけの異常収益が得られた
かを表わしています（潜在的有用性）。

　同じように，バッドニュースの場合には，API は 1.00 から発して，会計利
益情報公表月まで下落しており，とりわけ会計利益情報公表月の前から公表月
にかけて異常な下落が見られます。これも決算時において情報効果（異常収益
が得られるが価格に新情報が瞬時に織り込まれるので平均して獲得することはできません）
が見られると共に，会計利益情報と株価との間に相関関係があることを示唆し
ています。この API は先述と同様に，事前にその新情報（バッドニュース）を
知っていたならば，空売り戦略によってどれだけの異常収益が得られたかを表
わしています（潜在的有用性）。

　同じ時期，Beaver は，Ball 及び Brown とは異なる手法で，会計利益情報
の有用性（情報効果）の存否を実証しました。彼は，Ball 及び Brown と同様に
ニューヨーク証券取引所上場の企業をサンプルとして使用し，投資収益率から
市場モデルによって個別企業の業績を反映する残差を算出し，会計利益情報公
表週とその前後の週とで株価を比較しています。なおこの実証は Ball 及び

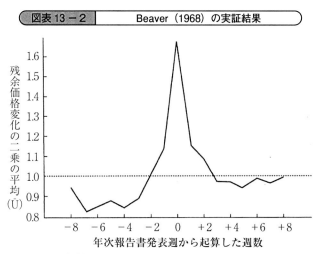

| 図表 13 － 2 | Beaver（1968）の実証結果 |

出所：Beaver（1968, p.91）

Brownによる実証とは異なり事前の期待利益は必要としていません。

　図表13－2はBeaverによる実証研究を表わしています。縦軸に株価の残余価格変化の二乗の平均（Ū）をとり，横軸には会計利益情報の公表週を中心にその前後の週数が示されています。Ūは，会計利益情報公表期間の平均残差と非公表期間の平均残差の比でありますので，会計利益情報の公表が投資者の期待を変化させるだけの情報効果を有するならば，企業 i 固有の要因である投資収益率の変動は，会計利益情報公表週と非公表週とで異なることになります。したがって，$\bar{U}_0$ の値は１を超えるはずです。

　図表13－2を見てわかるように，会計利益情報の公表週において凸型の株価反応が見られており１を超えています。これは，会計利益情報に対する株価の反応を示しています。すなわち，この実証結果は，Ball及びBrownの実証結果と同様に会計利益情報の公表が，投資者の投資意思決定に影響を与えていることを意味します。

(2) 効率的市場の類型とこれまでの実証結果

　Famaによれば，効率的市場仮説といっても，その情報内容によって次のように三つに類別することができます[5]。先ず，ウィークフォームの効率的市場仮説でありますが，これは過去の証券価格の情報内容が証券価格に迅速にかつ適正に織り込まれていることを意味します。また，セミストロングフォームの効率的市場仮説は，過去の証券価格を含め，一般に入手できる情報内容が証券価格に迅速にかつ適正に織り込まれていることを意味します。そして最後に，ストロングフォームの効率的市場仮説ですが，これは，内部情報など一般には入手できない情報内容までもが，証券価格に迅速にかつ適正に織り込まれていることを意味します。先述のBall及びBrownの実証研究は，このうち，セミストロングフォームの効率的市場仮説を検証しています。

　これまでアメリカを中心におこなわれてきた効率的市場仮説の各類型の検証でありますが，検証方法としては主に二つあり，一つめの手法としては，直接，証券価格の変化の規則性を調査するもので，またもう一つの手法はフィル

ター・ルールと買持ち型戦略との比較によって間接的に株価変化の規則性を調べるものです[6]。

　一つめの手法では，証券価格の時系列データは短期的にはわずかな系列相関を示すものの，実質的には時間的に独立していることが実証されています[7]。また，フィルター・ルールによる投資は，買持ち型戦略の投資より大きな異常収益を獲得できないことが実証されました[8]。かように，ウィークフォームの効率的市場仮説については肯定的な実証結果が検証されてきています。

　次に，セミストロングフォームの効率的市場仮説でありますが，それは先述のBall 及び Brown の実証研究のように，会計情報（とりわけ利益情報）の有用性の存否を検証するさいに，同時検定しています。セミストロングフォームの効率的市場仮説では，会計利益情報の公表時点と共に株価にその情報が瞬時に適正に織込まれますので，平均異常収益率は平行線となり，全くトレンドを有さないことになります。Ball 及び Brown の実証研究ではそのことが実証されており，このようなセミストロングフォームの効率的市場仮説を支持する実証研究として，この他に Fama や Scholes の研究成果があげられます[9]。

　かようにして，ウィークフォームとセミストロングフォームの効率的市場仮説を支持する実証研究は多数存在していますが，ストロングフォームの効率的市場仮説の検定については，それを否定する実証研究以前に，実際にインサイダー情報を利用して平均異常収益を獲得しているものが捕まっている現状からこれを否定できるといえるでしょう。加えてストロングフォームの効率的市場仮説の検定については，Mandelker の研究と Jaffe の研究が，インサイダー情報のような独占的情報によって，その利用者が平均して異常収益を獲得できることを実証しています[10]。

13－3．証券市場のアノマリー

　これまでは，セミストロングフォームの効率的市場仮説を支持する実証研究が多数存在していることを指摘してきましたが，このセミストロングフォーム

の効率的市場仮説に対してアノマリーと呼ばれる証拠がでてきています。例えば，規模効果，1月効果，株価収益率効果（以下PER効果とする），そして会計発生高などがそれらです。

　先ず，規模効果ですが，これは小さな規模の企業の株式の方が，大規模の企業の株式に比べて，リスクを調整した後に高い収益率をあげることができることを意味します。これは，Banzの研究によって，初めて実証されたものであり，CAPMのモデルの説明力に対して疑義を有するものでした[11]。すなわち，彼はCAPMでは，収益率と企業の規模との間の逆相関関係を説明できないことを示唆しています。しかしながら，長期的に見た場合，Banzによると，規模効果が存在しているときと，存在しないときがありますから，その効果が安定していないことがうかがえるでしょう[12]。また，Brownの他も規模効果の不安定性を実証し追認しています[13]。また，規模効果によって否定されたCAPMでありますが，そのモデルの説明力を改善することによって，規模効果を解消することができると思われます。

　次に，1月効果でありますが，これは1月の株式収益率が，平均すると他の月の収益率と比較して高いことを意味します。これはWachtelの研究によってはじめて実証され，Glutekin及びGlutekinによる実証によって追認されています[14]。しかしながら，Lakonishok及びSmidtは，それらに対して，ニューヨークダウ30種平均と呼ばれる株価指数の収益率を調査し，かならずしも1月だけが平均して高い収益率でないこと，そして2つの期間にまたがり，継続的に高い収益率をあげている月がないことを指摘しています[15]。また，1月効果は，規模効果と高い相関があり，小規模の企業の株式の1月の収益率が高いことが知られています。この点から，規模効果のところで述べましたように，CAPMの説明力を改善することによって，1月効果も解消できると思われます。

　次に，PER効果ですが，これは，PERが低い企業がある場合，その株を購入すると，しばらくして株価が上昇しその株を売却することによってキャピタルゲインを平均して獲得できると主張しています。この場合の，PERの算出にあたって，一株当たり利益の利益に実績値を使用するのか，それとも予測値

を使用するのかで考え方が異なると思われますが，ここでは，実績値を使用して異常収益を平均して得られるという証拠として PER 効果があげられます。アメリカでは，Nicholson の研究，Basu の研究そして，Lakonishok 他の研究が実証しています [16]。

　これまで述べてきましたアノマリーである規模効果，1 月効果，そして PER 効果は，CAPM の説明能力の改善によって，すなわち，隠れたリスク・ファクターを見つけることによって解消することができ，セミストロングフォームの効率的市場仮説を否定する必要はないと考えられます。一方，これから述べる会計発生高を利用した投資戦略は，モデルの説明力の改善では解消できないものといえます。この会計発生高を利用した投資戦略とは，当期の会計利益と当期のキャッシュ・フローの差額である会計発生高にもとづいて十分位数ポートフォリオを作成し，第 1 十分位数ポートフォリオを購入して，第 10 分位ポートフォリオを空売りする戦略のことです。Sloan の実証研究では，かような戦略で，1 年後に 10.4％の異常投資収益を獲得できることが実証されています [17]。また，同様の手法によって Richardson 他の研究と Chan 他の研究も，会計発生高の総額にもとづいたヘッジ・ポートフォリオの構築から，大きなリターンが獲得できることを実証しています [18]。それでは，これらの実証結果から，セミストロングフォームの効率的市場仮説は否定されることになるのでしょうか。しかしながら，ここに大きな落とし穴があることに気づきます。それは，このような投資戦略には情報収集コストと取引コストが必要なのにそれが考慮されていないのです。これらのコストを考えますと，異常収益が得られない可能性は十分あります。また，ここでの異常収益が計算上のものであり，実際に獲得できるという保証がないことも，セミストロングフォームの効率的市場の反証としては弱いといえるでしょう。これらのことから考えても，アノマリーと呼ばれる実証結果から，市場がセミストロングフォームで非効率的であると判断することは難しいといえます。

13－4．効率的市場と非合理的投資者

(1) 競争的淘汰説

　証券市場のアノマリーを，これまで述べてきた行動経済学で説明する試みがあります。これまで述べてきましたように，実験室での調査からは，多くの被験者が非合理的であることがうかがえます。それでは，非合理的な投資者が存在する証券市場では，市場はセミストロングフォームで非効率的であるのでしょうか。加藤によると以下の二つの条件のうち一つが満たされれば効率性が達成されると考えられます [19]。その一つの条件が取引のランダム性です。これは，非合理的な投資者の取引がランダムであり多くの取引がおこなわれるならば，個々の異常は互いに相殺されてしまい，結果として非合理的な投資者の存在は価格に影響をしないということを意味します。また，もう一つの条件は裁定取引で，たとえ非合理的な投資者の取引によって価格にバイアスが生じたとしても，合理的な投資者の裁定取引によって効率性が達成されることを意味します。つまり，裁定取引によって，合理的投資者はリスクをとらず高い投資収益をあげることができる一方，割高な証券を購入した非合理的投資者は，それらの証券を安く売却することになり，合理的投資者に比べて低い投資収益または損失しか得ることができません。そして非合理的な投資者は無限の資金を保有していないことから，長期間にわたってそのような取引を続けることはできず，市場から退却を余儀なくされるのです。

(2) ノイズトレーダーによる非効率的市場説

　二つの条件のうち一つが満たされれば，証券市場はセミストロングフォームで効率的であることが示唆される一方，これに対して行動経済学から次のような批判がなされています。先ず，取引のランダム性でありますが，非合理的な投資者は，少数の証券へ集中投資し，最適な分散投資をすることはなく，ある種のシステマティックなパターンが存在しているというのです。すなわち，非

合理的な投資者は伝統的なファイナンスが予想するような受身的な投資者でなく，バイアスをもった自分の判断で，積極的に市場に参加し取引をおこなうと考えられるというのです。また，裁定取引について行動経済学では，たとえ株価がファンダメンタルズから乖離したとしても，魅力的投資機会が存在しないかもしれないことを示唆します。例えば，長期にわたるバブルなどでは，裁定取引は効果を持たない可能性が高いです。魅力的な投資機会が存在しなければ，ファンダメンタルズからの乖離は修正されることはないといえます。さらに，非合理的な投資者の人数と資金量が，裁定取引をおこなう合理的投資者よりも多くなる場合があり，その結果，裁定取引によるファンダメンタルズへの修正がなされない可能性もあると示唆しています。かくして，標準的な経済学の思考と行動経済学の思考とでは，セミストロングフォームの効率的市場仮説について相反する結論を導き出しています[20]。

13－5．コミュニケーション理論からの批判的考察

(1) コミュニケーションの 2 段階の流れ説

　投資者が合理的に意思決定するのかそれともその合理性には限界があるのか，明確に答えることはできません。しかしながら，これまでおこなわれてきました様々な実証結果から，かなり確実と思われる理論を展開することは可能です。たとえば，投資者が合理的であることを裏付ける証券市場がセミストロングフォームで効率的であるということは，多くの実証研究の中で支持されてきました。また個別レベルでは，行動経済学の実験室の実験結果から，プロスペクト理論や判断ヒューリスティクスのように，被験者が非合理的な解答をしているのが数多く見られ，合理的な解答をしているのは少数です。

　行動経済学を提唱する会計学者は，この実験室での非合理的な被験者の解答を証券市場のアノマリーとリンクして解釈します。しかしながら，ここではそのようには考えていません。行動経済学の実験室の実験から，コミュニケーションの無い実験室での個人レベルでは非合理的な解答をする被験者が多いこ

とは認めますが，それでも証券市場は，セミストロングフォームで効率的であると考えられるのです。そこでここでは，個人レベルで数多く見られる非合理的意思決定が証券市場レベルでは効率的（合理的）になるプロセスをコミュニケーション理論から明らかにしていきたいと思います。

　行動経済学で明らかにしましたように，個人レベルにおいては，実験室における調査によって被験者の中に非合理的な解答をおこなう者が数多く存在しています。そして合理的な解答をするものは少数でした。一方，証券市場レベルにおいては，ほとんどの実証研究で，セミストロングフォームで効率的であることが判明しています。その矛盾を解く鍵は，コミュニケーションにあると考えられます。すなわち，実験室でのアンケート調査では，十分なコミュニケーションがとれずに，自分だけの考えにもとづいて解答をしているのに対して，証券市場では多くの非合理的な考えをもっていた意思決定者が，他の少数の合理的な投資者の意見を参考に，その非合理的であった意思決定を訂正する（学習効果または合理的期待形成過程）可能性があるのです。そのような個々人の意思決定が影響しあう理論として，コミュニケーションの２段階の流れ説が有力であると思われます。

　コミュニケーションの２段階の流れ説を証券市場に当てはめて説明しますと，会計利益情報を有価証券報告書，新聞，そしてテレビなどで直接入手した意思決定者（投資者など）が，それをもとに合理的に投資意思決定をすると考えるだけではなく，とりわけ非合理的な投資意思決定をする可能性の高い投資者は，自分よりも合理的な意思決定をするであろうと考えられるオピニオン・リーダー（証券アナリストなどの助言，アナリストレポートなど）にしたがって投資意思決定することにより，非合理的な意思決定をすることを回避することができる可能性があることを意味します。このことによって，ノイズトレーダーによる非効率的市場説を否定することができます。すなわち，大多数の非合理的な投資者は，コミュニケーションの２段階の流れ説によって合理的に意思決定するようになると考えられることから，証券市場への非合理的な投資者の影響はほとんどなくなるといえます。

　田崎によると，コミュニケーションの2段階の流れ説は，もともと投票行動の研究の中で現われてきたものです[21]。その場合，オピニオン・リーダーとは，人々の意思決定に影響力を行使する人物であり，マス・メディア→受け手という直接的な流れとは別にマス・メディア→オピニオン・リーダー→受け手という2段階の流れを想定しています。そして，オピニオン・リーダーは非オピニオン・リーダーに比べて，新聞，雑誌，ラジオのどれにもより多く接触していることが見られます。しかしながら，投票行動においては，この説はかなり批判の対象となっており，現実味がないようです。それでも証券市場に限定して考えた場合，その状況の特性から考えてリスクの大きさからも，オピニオン・リーダーとしての証券アナリストの影響力は無視できない存在であると考えられます[22]。すなわちコミュニケーションの2段階の流れ説は，投票行動などにはあまり説明力を有さない反面，証券市場ではより現実に妥当であると考えられるのです。このことによって，個人レベルで非合理的な意思決定をしていた投資者などが，集合レベル（証券市場）では，合理的な意思決定になると解釈することができます。

(2) 会計情報の有用性

　行動経済学の理論と証券市場のアノマリーをリンクする会計学者は，そのことによって従来には無かった会計情報の実際的有用性が存在する可能性を主張します。すなわち，会計利益情報をはじめ会計情報が実際に公表されると，その公表された会計情報を利用して，非合理的な投資者から平均して異常収益を獲得することができると考えるのです。しかしながら，行動経済学の理論を突き詰めて考えますと，それが，もし証券市場にそのまま当てはまるとするならば，証券価格には会計利益情報をはじめとする会計情報や一般に入手できる企業情報は迅速にかつ適正に反映されていないことになります。さすれば，会計情報が公表されて，その情報を利用して合理的に投資意思決定しても，株価が非合理的であるので平均して異常収益を得ることはできないといえます。すなわち，非合理的な投資者の投資意思決定はいろいろと予測できますが，それが全体としてどのようになる

かを正確に予測することはできないと思われます。さすれば，非合理的な投資者から異常収益を平均して獲得することは困難であるといえます。そしてそれと共に，行動経済学では，内部情報によってインサイダー取引で異常収益を獲得できる現実の証券市場を説明できません。一方，これまでの証券市場の実証結果である，ストロングフォームで非効率的でありますがセミストロングフォームで効率的な証券市場という考えでたつならば，それは内部情報によるインサイダー取引で異常収益が獲得できることが説明でき，そして，会計利益情報をはじめとする会計情報の実際的有用性が本来その予測能力にこそあることを示唆してくれます。例えば，経営者が予測する利益情報よりも正確な予測をする者として，現在ではモデルも証券アナリストもいません。なぜならば，経営者の予測利益情報には内部情報が隠されているからです。この内部情報としての会計情報にこそ，ファンダメンタルアナリシスの意義，すなわち会計情報の有用性があるといえます。

13－6．小　括

　近年，行動経済学のアプローチをとる経済学者が少なからず現われ始めてきています。それは，実験室での実験結果が被験者の非合理的な解答を多数示しており，これまでの新古典派経済学を中心とする標準的な経済学の期待効用理論では説明できない非合理性を行動経済学によって説明できるようになってきたからであります。しかしながら，証券市場での投資者（経済人）の意思決定を考えますと，実験室の被験者のような状況設定は非現実的であると考えられます。実際の証券市場では，投資者は多くの情報を直接知ると同時に，多くの合理的な証券アナリストのようなオピニオン・リーダーの影響を受けることが考えられるのです。そしてその場合，非合理的な意思決定が合理的な意思決定へ学習効果によって変更されることは大いに考えられます。

　かようにして，行動経済学による理論を証券市場のアノマリーにリンクする試みは，妥当性が低いといえます。そしてそのことによって会計利益情報をはじめとする会計情報の実際的有用性の存在を主張することは困難です。むし

ろ，従来からの考え，すなわちセミストロングフォームの効率的市場仮説を前提として，経営者利益予測情報をはじめとする，隠された企業の内部情報を分析することにファンダメンタルアナリシスの意義があるといえるでしょう。

【注】

1）本章は，『駿河台経済論集』第14巻第1号「会計利益情報と株式市場のアノマリー：行動ファイナンスアプローチに対して」を加筆修正したものです。

2）AAA（1966）。

3）Ball and Brown（1968），Beaver（1968）。

4）実際的有用性とは，投資者が会計利益情報を実際に利用して平均して異常収益を獲得できることを意味します。一方，潜在的有用性とは，投資者が，もしその会計利益情報を事前に知っていたならば，平均異常収益を獲得できたであろうことを意味します。

5）Fama（1970）。

6）ある銘柄の証券価格がたとえば10%上昇したときにその銘柄の証券を購入して，その後の最高値から10%低下するまで保有して売却します。売却すると同時にその銘柄の証券を空売りし，その後の最低値から10%上昇したときに決済し，再びその証券の購入に転じます。これを繰返しおこなうことをフィルター・ルールといいます。10%は1つの例で，何パーセントでもかまいません。一方，買持ち型戦略とは，いったん購入した銘柄はそのまま持ち続けるという戦略であり，市場が効率的ならば買持ち型戦略より有利な戦略はありません。

7）このような実証研究として，Moore（1964），Granger and Morgenstern（1963）そしてFama（1965）を参照してください。

8）このような実証研究として，Alexander（1961），Fama（1965），そしてFama and Blume（1966）を参照されたい。なお，フィルターを小さくすることでより大きな異常収益を獲得できますが，その場合，売買取引回数が多くなるので，その取引費用を考慮すると，結局フィルタールールは不利です。

9）Fama et al（1969）は，株式分割情報の株価への影響と効率的市場仮説との同時検定をおこなっています。またScholes（1972）は，株式の公開買付情報について効率的市場仮説との同時検定をおこなっています。

10）Mandelker（1974），Jaffe（1974）。

11）Banz（1981）。

12）Banz（1981）。

13）Brown et al（1983）。

14）Wachtel（1942），Glutekin and Glutekin（1983）。

15）Lakonishok and Smidt（1989）。

16）Nicholson（1960），Basu（1977），Lakonishok et al（1994）。

17）Sloan（1996）。

18）Richardson et al.（2001），Chan et al（2001）。

19）加藤（2003）。

20）日本の証券市場がセミストロングフォームで効率的かそうでないかといった場合，日本の証券市場の特異性に注目せざるを得ません。日本においても，実証会計学者による証券市場での実証研究はこれまでに多くなされてきています。その意味で，多くの実証会計学者は，日本の証券市場がセミストロングフォームで効率的であると考えていることは確かです。ただし，その効率性には限定が付くと思われます。というのは，日本の企業では株式の持合いがこれまでになされてきており，企業の実績に関係なく株を相互に保有してきているという経緯があるからです。すなわち，日本での証券市場がセミストロングフォームで効率的であるという場合，この持合いの部分を度外視して浮動株の中で効率的であると言っているのです。かくして，これまでの日本の証券市場は厳密な意味からセミストロングフォームで効率的であったかどうかは問題があるといえるでしょう。しかし，最近では，湯浅（2002）が指摘していますように，この日本の証券市場も，持合いを解消してきています。さすれば，本来の意味でのセミストロングフォームの効率的市場に近づいてきているといえるでしょう。

21）田崎（2003）。

22）コミュニケーションの２段階の説の説明力を見る場合，オピニオン・リーダーが実際に存在していることが前提になっています。従来はこの場合，オピニオン・リーダーの一般的な個人特性にのみ着目し，その存在を分かり難いものにしていましたが，澁谷（2002）が述べているように，オピニオン・リーダーが影響力を発揮するかどうかは，その状況特性に左右されるものです。すなわち，オピニオン・リーダーの有している能力に関心を持つフォロワーが存在し，その関心の度合いの大きさによって，コミュニケーションの２段階の流れ説の説明力は異なってくると思われます。コミュニケーションの２段階の流れ説の影響の強度において国によってその効果は異なると思われますが，証券市場に参加する者が，証券アナリストの助言に全く関心がないことは考えにくいといえます。この点から，その度合いは別として，行動経済学の批判に対して，コミュニケーションの２段階の流れ説から反論することができ，個別レベルでは非合理的な被験者が存在しているとしても，証券市場ではセミストロングフォームで効率的であるといえます。

第14章　投資者行動（2）[1]

14−1．問題提起

　企業において会計方針を変更した場合，投資者は，その変更の内容を正確に理解し，合理的に投資意思決定することができるでしょうか。効率的市場仮説では，投資者は合理的に投資意思決定すると考えられており，決算報告書等における注記により（a）変更した旨，（b）変更した理由，及び（c）変更が財務諸表に及ぼした影響についての情報を分析することによって，的確な投資意思決定ができると考えられます。しかしながら，機能的固定仮説のように，投資者が限界合理性を前提として，注記の情報を省略して，会計利益情報のみで投資意思決定することを想定するならば，投資者は，表面的な会計利益によって誤って投資意思決定する可能性があります。

　「会計上の変更及び誤謬の訂正に関する会計基準」について，ここでは，会計基準設定主体が，どのような投資者を想定し，会計情報をいかような方向へ導こうとしているかを考察します。

14−2．会計方針の変更

　企業会計原則の一般原則である継続性の原則は，「企業会計は，その処理の原則及び手続を毎期継続して適用し，みだりにこれを変更してはならない」と規定しています[2]。しかしながら，下記のような正当な理由があれば，会計処理方法の変更が認められています。

＜正当な理由[3]＞

(a) 便宜的・慣習的に是認されているにすぎない会計処理方法（たとえば税法の規定する方法）から，明らかに合理的な方法へ変更する場合。

(b) 企業の財政状態に著しく不利な影響を及ぼす可能性があるときに，保守主義の原則を適用して，会計処理方法を変更する場合。たとえば技術革新が生じた生産設備の減価償却について，定額法から定率法への変更。

(c) 親会社と子会社の会計方針を統一するために，より合理的な方法へと変更する場合。

(d) 会計処理を規制する法令や，監督官庁による解釈・運用指針の改正に伴う変更。

　かように，正当な理由によって，過年度におこなっていた会計処理方法から異なる会計処理方法へ変更した場合，これまでは，注解3に規定されていますように，必要な事項を注記することにより財務諸表の利用者に注意を喚起しなければなりませんでした。

　そのような注記事項として以下の3点があります。

　(a) 変更した旨，

　(b) 変更した理由，

　(c) 変更が財務諸表に及ぼした影響。

　これまで，会計学上では，投資者はこれらの注記情報を分析することにより，過去の財務諸表を変更がおこなわれた場合の利益額等に算定し直し，期間比較可能な情報を得ることができると考えられてきました[4]。

　以下では，棚卸資産の評価方法を説明し，棚卸資産の評価方法の会計方針を変更した場合の影響額について見てみることにしましょう。

設例 1　ある商品の 2009 年度中の受払いが次のとおりであるとき，先入先出法による 2009 年度の売上原価と期末の棚卸額は次のとおりであります。

<取引例>　　　　　　　　　　　　　　　（単位：百万円）
```
2009 年 4 月 1 日　前月繰越　　10 個　取得原価@￥200
　　　 7 月 10 日　仕入　　　　 5 個　　　〃　 @￥215
　　　 9 月 15 日　売上　　　　 7 個　売　　価@￥250
　　　11 月 20 日　仕入　　　 10 個　取得原価@￥223
　　　12 月 25 日　売上　　　　 6 個　売　　価@￥250
```

日付	摘要	受入			払出			残高		
		数量	単価	金額	数量	単価	金額	数量	単価	金額
4/1	繰越	100	200	20,000				100	200	20,000
7/10	仕入	50	215	10,750				100	200	20,000
								50	215	10,750
9/15	売上				7	200	1,400	30	200	6,000
								50	215	10,750
11/20	仕入	100	223	22,300				30	200	6,000
								50	215	10,750
								100	223	22,300
12/25	売上				30	200	6,000	20	215	4,300
					30	215	6,450	100	223	22,300

　この場合，先入先出法では，売上原価は 26,450（百万円）となり，期末棚卸額は 26,600（百万円）となります。もし，先入先出法から総平均法へ変更するとどのようになるでしょうか。

　上記の例の場合，総平均法では，以下になります。

　平 均 単 価＝（￥20,000 ＋￥10,750 ＋￥22,300）÷（100 ＋ 50 ＋ 100）

　　　　　　　＝@￥212.2（百万円）

　売 上 原 価＝@ 212.2 × 130 ＝￥27,586（百万円）

　期末棚卸額＝@ 212.2 × 120 ＝￥25,464（百万円）

　売上原価は，1,136（百万円）多くなり，期末棚卸額は，1,136（百万円）少なくなります。

　「会計上の変更及び誤謬の訂正に関する会計基準」は，影響額を注記するのとは異なり，過去の財務諸表に遡って修正することを求めています。

　なお，ここで気をつけなければならないのは，減価償却方法の変更（例え
ば，定額法から定率法への変更等）は，（1）会計方針の変更とみる見解と，（2）
見積りの変更と見る考え方があり，「会計上の変更及び誤謬の訂正に関する会
計基準」は，これら両方の性質を有して区別が困難であるとし，プロスペク
ティブ方式で会計処理するように規定している点です[5]。

　桜井によると，プロスペクティブ方式とは，「過年度の償却計算を修正する
ことなく，変更の影響を変更後の会計期間の減価償却計算に吸収させる方法で
ある[6]」。一方，それに対して，キャッチ・アップ方式とは，「変更後の残存価
額や耐用年数を最初から適用していたと仮定して再計算した未償却残高に合致
するように，旧来の計算に基づく未償却残高を修正し，差額を過年度の減価償
却修正分として特別損益に計上したうえで，その後は新しい残存価額や耐用年
数に従って償却計算を継続する方法である[7]」。

　設例2は，それぞれの方式を桜井にもとづいて表わしています。

設例2 取得原価￥1,000,000の機械を，耐用年数10年，残存価額10%と見積って，定額
　　　　法で5年間償却してきたが，6年目の期首において，急激な技術進歩に起因して，
　　　　この機械があと3年しか利用できず，残存価額もゼロであることが判明しました。

（キャッチ・アップ方式）
（借）前期損益修正損　175,000　　　（貸）機　　　　　械　175,000
（借）減 価 償 却 費　125,000　　　（貸）機　　　　　械　125,000
変更前の計算　各期の減価償却費＝（1,000,000 － 100,000）÷ 10 ＝ 90,000
　　　　　　　　未償却残高＝ 1,000,000 － 90,000 × 5 ＝ 550,000
変更後の計算　各期の減価償却費＝ 1,000,000 ÷ 8 ＝ 125,000
　　　　　　　　未償却残高＝ 1,000,000 － 125,000 × 5 ＝ 375,000

（プロスペクティブ方式）
（借）減 価 償 却 費　183,333　　　（貸）機　　　　　械　183,333
変更後の減価償却費＝（未償却残高　550,000 －新しい残存価額　0）
　　　　　　　　÷残りの耐用年数3年＝ 183,333

　減価償却の変更（例えば，定額法から定率法への変更等）の場合，プロスペク
ティブ方式を採用するので，過年度の償却計算を修正せずに，変更の影響を変
更後の期間で吸収する会計処理がおこなわれます[8]。

　なぜならば，桜井によると，変更前の方法が，その時の状況のもとで適切に
選択されたものなので，過去の償却計算を修正する根拠はないと考えられるか
らです。また，法人税法もプロスペクティブ方式での減価償却計算を規定して
おり，さらに国際的な会計基準とも一致しているからです[9]。

14－3．機能的固定仮説とヒューリスティクス

(1) 機能的固定仮説と透視仮説

　会計方針の変更（例えば先入先出法から総平均法への変更等）は，売上原価や期末
棚卸資産の評価そして税金に影響することから将来キャッシュ・フロー獲得能
力に作用すると思われます。

　ここで，棚卸資産の費用配分に関する会計方針の変更がいかに証券市場の反
応に影響するかについて2つの対立する仮説を想定します。

　会計方針の変更による投資者の投資意思決定に与える影響について仮説を想
定する場合，先ず，透視仮説があげられます。この仮説は，Watts 及び
Zimmerman によって，無効果仮説（no-effects hypothesis）と呼ばれているもの
であり，資本資産価格モデルを前提に取引費用，契約費用，情報費用及び税金
ゼロと仮定し，セミストロングフォームの効率的市場仮説にしたがい，会計方
針の変更と株価変動が関連しないと予測します。すなわち，透視仮説では会計
方針の変更が将来キャッシュ・フローやリスクに影響しない限り，投資者がそ
の会計報告書の注記に記載されている会計方針の変更とその影響を読みとり，
将来キャッシュ・フローの予測に全く影響しないことを理解し，会計方針の変
更に全く影響されないとします[10]。

　しかし，この透視仮説では，取引費用，契約費用，情報費用及び税金ゼロの
仮定という非現実的な仮定が前提となっています。したがって，現実的には，

透視仮説は，純利益が算定された後に課せられる法人税等のような税金コスト
の増減を考慮したならば，会計方針の変更が将来キャッシュ・フロー獲得能力
に影響し，それに応じて株価が合理的に変動すると予測するのです。

　一方，この透視仮説と対立する仮説として機能的固定仮説（または誤導仮説）
があります。この仮説は，Watts 及び Zimmerman では，機械的反応仮説
（mecha-nistic hypothesis）と呼ばれており，たとえ会計方針の変更が企業の将来
キャッシュ・フロー獲得能力に全く影響しなくても，また，表面上，純利益を
減額し，法人税等によるキャッシュ・アウトフローを減少しても，会計方針の
変更が非合理的な株価変動をもたらすと予測します。

　それは，投資者が，会計方針の変更の真の意味を理解できず，会計報告書の
注記に記載されている会計方針の変更とその影響を見落とし，表面的な部分
（純利益の減額等）に左右されることを示唆しています。このような思考は，経
営者が会計方法を変更する理由は，変更することによって投資者を誤導するこ
とをねらっていることを示しています。

　この対立する両仮説の相違点は，それぞれの仮説が，会計方針の変更に対す
る証券市場の反応について全く異なる予測をすることにあり，その背後にある
投資者に対する前提が相違する点にあると思われます。

　すなわち，透視仮説では，合理的な投資者を前提として，会計方針を変更し
た場合（例えば，先入先出法から総平均法への変更），投資者は，注記を的確に分析
し，正確な投資意思決定をすると考えられる一方，機能的固定仮説では，限界
合理性を前提に投資者が，注記を読み過ごし，表面上の会計数値によって，
誤った投資意思決定をしてしまうと予想するのです。

(2) ヒューリスティクス

　友野によると，人間の情報処理プロセスは直感的部分と分析的部分によって
形成されており，古代の哲学者によって既に認識されています[11]。これは，
多くの哲学者や思想家が論じたテーマであり，今日では，「二重プロセス理論」
と呼ばれる理論の登場により心理学者に注目されています。

　二重プロセスとは，友野によると，人間が有している二つの情報処理システムのことであり，一つは，直感的，連想的，迅速，自動的，感情的，並列処理，労力がかからない等の特徴を持っているシステムです。このようなシステムは，システムⅠと呼ばれます。一方，もう一つは，分析的，統制的，直列処理，規則支配的，労力を要するといった特徴を有するシステムで，システムⅡと呼ばれます。

　友野は次のように述べています。「システムⅠは一般的な広い対象に適用されるシステムであり，人間と動物の両方が持っている。システムⅡはシステムⅠよりずっと遅れて進化した人間固有のシステムであると考えられている。標準的経済学が前提としている経済人というのは，システムⅡだけを備えた人間であることができる。しかもすばらしく高性能なシステムⅡを[12]」。

　企業の外部利害関係者である投資者が市場の効率性が前提としている合理的経済人ならば，もしも，会計方針が変更され，それによって，利益等に対する影響額が注記されたならば，ここでいうシステムⅡによって，注記を分析することで，正確な期間比較をおこなうことによって，合理的な投資意思決定をすることができるでしょう。したがって，この場合，合理的経済人ならば，表面上の利益の変化に誤導されることはないと考えられます。

　一方，行動経済学で想定している経済人は，かような合理的経済人ではなく，ヒューリスティクスに端的に表わされるように，異なる情報処理プロセスをとると考えられます。

　依田は，「選択肢の探索と評価には時間と費用がかかるので，人間は簡便な問題解決法を用いて，最適ではなくても満足のできる選択肢の発見に努めるとした。この簡便な解決法をヒューリスティクス（heuristics）と呼ぶ」と述べています[13]。

　このヒューリスティクスには，これまで述べてきましたように，代表性ヒューリスティクスや利用可能性ヒューリスティクス等があります。依田は次のように述べています。「代表性ヒューリスティクスとは，人間が判断するさいに，どのくらい典型的であるかという基準に従うことである。典型的という

ところをステレオタイプと言いかえてもよい[14]」。また，利用可能性ヒューリスティクスについては，友野によると「利用可能性とは，ある事象が出現する頻度や確率を判断する時に，その事象が生じたと容易にわかる事例（最近の事例，顕著な例など）を思い出し，それに基づいて判断するということである[15]」と述べられています。

　Kahneman 及び Frederick は，代表性ヒューリスティクスや利用可能性ヒューリスティクス等といったヒューリスティクスによる判断は，システムⅠによって直感的になされていると指摘しています[16]。これは，合理的経済人とは異なる経済人の特徴であり，前述の機能的固定仮説もかようなヒューリスティクスによって生じると考えられます。

14－4．実証例

(1) 市場全体レベルの実証研究例

　それでは，透視仮説と機能的固定仮説について実証研究を見てみることにしましょう。企業が公表する決算報告書（有価証券報告書に含まれる）は，企業の経営成績と財政状態を表わすといわれています。この決算報告書でありますが，そこには，会計利益（純利益，経常利益，及び営業利益等）のほかに，財務諸表分析で使用される，資産（現金，土地及び建物等），負債（短期借入金及び長期借入金等），そして純資産（資本金等）の残高といった多くの会計数値や指標が記載されています。それらの中で，投資者は，とりわけ会計利益に関心を寄せていると考えられます。

　この会計利益でありますが，１つの会計事象に対して複数の会計処理方法（例えば，先入先出法，後入先出法，そして総平均法等）が存在する場合，選択される会計方法によって異なる会計利益が算定されることになります。このことは，会計利益が経済利益のサロゲイトにすぎないことを物語っています。

　それでは，以下では，様々なケースを想定し，透視仮説と機能的固定仮説をみてみましょう。

　先ず，設例を単純化するために，企業がおこなう会計方針の変更を棚卸資産の原価配分だけであると仮定します。仮に，インフレ時で棚卸資産水準が減少しないときに，棚卸資産の原価配分方法を先入先出法から後入先出法へ変更することによって，売上原価を増加し純利益を減少させるとします。

　たとえば，先入先出法の場合には500万ドルの純利益であるのに，後入先出法の場合に450万ドルの純利益が計算されることになります。この差額の純利益50万ドルは，本来，単なる計算上の技法であり，そこには実質的な意味はないはずです。もし，会計方針の変更がキャッシュ・フローに影響しないならば，将来キャッシュ・フローを予測するさいに，どちらの会計方法（先入先出法か後入先出法か）を採用しても同じはずであります。したがって本来ならば，透視仮説によって考えるならば，投資者は，減少された純利益に惑わされずに投資意思決定をおこなうと予想されることから，証券市場は変化がないと考えられます。

　また，機能的固定仮説によって考えるならば，投資者は，注記を読み取れず，表面的に減少された会計利益にだまされ，証券市場を誤って導くことになるでしょう。すなわち，この場合，証券価格は，本来の価値よりも低く評価されることになります。

　現実には，表面的に異なる純利益が算定された場合，課税所得が異なることによって，異なる法人税が課せられることになります。この場合，前述のようなケース（先入先出法を後入先出法に変更し，純利益が50万ドル減少した場合）では，先入先出法で計算された純利益よりも後入先出法で計算された純利益にはより少ない税金が課せられることになります。すなわち，本来，同一の内容であり，会計方法のみ相違する表面的に異なる純利益であるのですが，税金を考慮することによって，実質的に異なる将来キャッシュ・フローを予測させることになるのです。

　かように，インフレ時ならば，棚卸商品の原価配分の会計処理方法を先入先出法から後入先出法に変更すると，表面的に純利益が減少した分だけ，税金が節税されることになります。このことから，実質的に少ないキャッシュ・アウ

トフロー（すなわち納税）となり，将来キャッシュ・フローの予測が，透視仮説と機能的固定仮説とでは異なることになります。

　つまり，透視仮説ならば，合理的な投資者は，インフレ時に先入先出法から後入先出法に会計方針を変更する場合，納税を考慮するならば，将来キャッシュ・アウトフローが減少するので，会計方針を変更する以前よりも証券価格の評価が相対的に高くなると予測することになります。一方，機能的固定仮説では，このような場合，熟慮して理解できる節税効果よりも，表面的な会計利益の減少のみに注目し，証券価格が変更前よりも低くなると予想することになります。このように会計方針の変更と税金を組み合わせたならば，透視仮説と機能的固定仮説とは異なる予測をすることになります。

　どちらの仮説が妥当であるかは，実証研究によって解決されることになるかもしれません。

　会計方針の変更には，税金に影響するものもあれば関係しないものもあります。例えば，減価償却方法を定率法から定額法に変更しても，それは税金に全く影響しません。というのは，たとえ各期間で表面上異なって純利益が計算されるとしても，定率法にせよ定額法にせよ，減価償却の総額は結局同じ金額になるので，純利益に課せられる税金は同じことになるのです。

　それに対して，棚卸資産の原価配分の方法の場合，例えば，インフレ時やデフレ時に先入先出法から後入先出法に変更するならば，直接税金に影響することになります。なぜならば，先入先出法を継続して適用する場合と後入先出法を継続して適用する場合とでは，明らかに異なる純利益が計算されることになるからです。

　Sunder そして，Biddle 及び Lindahl は，棚卸資産の原価配分方法における会計方針の変更に関する実証研究をしています[17]。

　Sunder は，他の棚卸資産の原価配分方法から後入先出法へ変更した会計処理の企業と後入先出法から他の棚卸資産の原価配分方法へ変更した会計処理の企業の二つのタイプの企業を比較して間接的に透視仮説と機能的固定仮説の競合仮説の妥当性を検証しています[18]。

<table>
<tr><td colspan="3">図表 14－1　　　　　　月別平均ベータ値</td></tr>
</table>

月	後入先出法へ変更（118社）	後入先出法から変更（21社）
-11	1.058	1.090
-5	1.086	1.111
0	1.102	1.065
+12	1.115	1.032

出所：Sunder（1975, p.312）

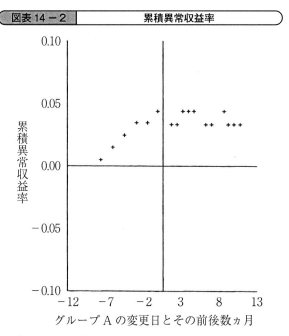

図表 14－2　　　　　　累積異常収益率

グループ A の変更日とその前後数ヵ月

出所：Sunder（1975, p.313）

　図表14－2は，他の方法から後入先出法へ変更した企業118社と，後入先出法から他の方法へ変更した企業21社の，それぞれの平均ベータ値の月別の値を表わしています。0月は，会計方針を変更した会計年度の最終月である。他の方法から後入先出法へ変更した企業の平均ベータ値は，－11月における1.058から＋12月の1.115に増加しています。

　ベータ値は，リスクを表わす指標であり，このことから，他の方法から後入先出法へ変更した企業のリスクが増加していることを意味しています。一方，後入先出法から他の方法へ変更した企業の場合は，図表12 − 2からわかりますように，− 11月における平均ベータ値の 1.090 から＋ 12月の 1.032 まで 5.3％減少しています。このことは，後入先出法から変更した企業のリスクが減少していることを意味しています。

　これらの実証結果は，機能的固定仮説を支持しています。すなわち，後入先出法へ変更することによる純利益の表面上の減少をそのままリスクの増加と投資者がみなしたといえます。また，後入先出法から他の方法へ変更することによって生じる純利益の表面上の増加をそのままリスクの減少とみなしたと解することもできます。

　図表14 − 2は，他の方法から後入先出法へ変更した企業の累積異常収益率を表わしています。この図表14 − 2からわかりますように，累積異常収益率は 12ケ月の間に 4.7％です。これは，株価の異常上昇を意味しており，節税による将来キャッシュ・フローの増加を投資者が正確に理解して投資意思決定していると解釈することができます。このように解するならばインフレ時には，累積異常収益率については，透視仮説が妥当するといえます。また，デフレ時には誤謬仮説が妥当であるといえます。しかしながら，この実証研究では，期待外利益がプラスなのかマイナスなのかコントロールされていないので，これらを結論づけることができません。

　かくして，Sunder の実証結果からは競合仮説のうちどちらが妥当であるとは結論づけられません[19]。実証研究では，このように仮説検定によって結論づけることができない場合があります。そのような場合に，どちらの仮説が正しいのかは，当然，不明確であります。さすれば，その背後にあり，なぜ，そのような結果になるのかを説明することができないことになります。実は，会計学の実証研究のみならず，多くの実証研究の中には，厳密に考察すると，検証できない仮説はたくさん存在しているのです。とりわけ，社会科学では，厳密な因果関係は検証することが困難なのです。

次に Biddle 及び Lindahl の実証研究を見てみましょう[20]。

Biddle 及び Lindahl は，証券市場における証券価格が後入先出法に変更した企業の節税に対してどのように反応するのかを見るために，より直接的な方法を採用しています。彼らは，以下の回帰式を推定しています[21]。

$$CR_i = \beta_0 + \beta_1 TS_i + \beta_2 UE_i + \varepsilon_i \qquad (1)$$

ただし，

CR_i ＝－ 11 月から＋ 3 月までの 15 か月の i 社の累積異常投資収益率，

TS_i ＝後入先出変更による変更年度の節税額，

S_i ＝変更年度の期首時における持分市場価格，

UE_i ＝利益変動額（利益は後入先出法変更が行われなかったと仮定して算定される），

ε_i ＝誤差項。

この場合，節税に関する情報が証券市場の投資者に入手されるかどうかが不明確なので，異常投資収益率を，後入先出法の変更が生じた年度の期末を０月としてその前 12 ケ月とその後の 3 か月の 15 ケ月にわたって累積しています。

節税額でありますが，それは，後入先出法への変更が売上原価に及ぼした影響額マイナス後入先出法への変更による税引後純利益への影響額で推定されており，当然のことでありますが，後入先出法に変更した影響で報告利益が少額になればなるだけ節税額は大きくなります。

透視仮説と機能的固定仮説では，それぞれ，投資収益率の動向を次のように予測します。透視仮説では，インフレ時においては他の方法から後入先出法へ会計方針を変更することは，純利益を減少し，それに応じて減税となると合理的に予想します。その結果，将来キャッシュ・フローが増加すると，投資者は期待するので，株価はその変更時に上昇すると予測します。一方，機能的固定仮説では，インフレ時においては後入先出法へ会計方針を変更することがサロゲイトである純利益を表面的に減少するため，たとえ税金が減少しても，そのことに気付かずに，将来キャッシュ・フローが減少すると期待するので，株価

は下落すると予想します。

　図表14－3は，Biddle及びLindahlが採用したサンプルの会計年度です。図表14－3からわかりますように，サンプルは1973年から1980年までに後入先出法へ変更した311社です。このサンプルの特徴として，それが1974年に集中していることがあげられます。これは，Biddle及びLindahlの実証結果を弱めるものといえます。

　そこで株価動向を見てみましょう。図表14－4は，後入先出法に変更した企業サンプルの，その変更前から変更後までの15ヶ月間の累積異常収益率を表わしています。図表14－4からわかりますように，累積異常収益率は第4四半期末の下落を除き一定して上昇しています。このことから，後入先出法へ変更した企業の株価動向は，透視仮説を支持しています。

図表14－3　　後入先出法に変更した企業の年分布

6月から5月までの会計年度		企業数	サンプルの パーセンテージ
1973	1974	8	3%
1974	1975	183	59
1975	1976	14	5
1976	1977	9	3
1977	1978	15	5
1978	1979	26	8
1979	1980	49	16
1980（9月）		7	2
		311	100%

出所：Biddle and Lindahl（1982, p.567）

　以上の2つの実証研究は，節税の要因以外の企業の業績に関わる諸要因を考慮しているわけではありませんから，厳密には，競合仮説のうちどちらが妥当であるかの結論をだすことはできないと思われます。

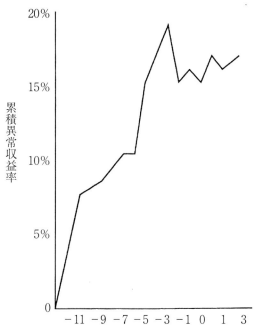

| 図表 14 － 4 | 後入先出法へ変更した企業の累積異常収益率 |

LIFO 採用年の会計年度末（０月）との月別相対比

出所：Biddle and Lindahl（1982, p.569）

　したがって，市場全体の実証研究からは，会計方針の変更に関する投資者の
投資意思決定行動について理論を形成することは，現段階では困難であると思
われます。

(2) 個別レベルの実証研究例

　会計方針の変更に関する投資者の投資意思決定が，機能的固定仮説があては
まるのかそれとも合理的期待仮説があてはまるのかを個人レベルで実証した会
計研究としては Abdel-khalik 及び Keller があげられます [22]。

　Abdel-khalik 及び Keller は，61 人の被験者（銀行投資役員と証券アナリスト）に

6つの異なる企業（2つは同じ1つの企業で名目上異なるもの，実際は5つの異なる企業）に対して，投資の順位付けをさせて実証研究をおこなっています。その時の判断材料として，会計方針を先入先出法から後入先出法へ変更した場合の影響が記載されている会計情報が伝達されるのです（ただし，その他の会計方法の変更はない）。

　6つの企業はそれぞれ，Microdot 社（実験名 AIM），Athelone 社（実験名 BEA），Associated Springs 社（実験名 CAL），Gardner Denver 社（実験名 DAM）そして，Robertson 社（実験名 FUN）の5社です。6社目の実験名は EGO ですが，AIM に 1.02 を乗じることによって仮設されたダミー（ツイン）です。

　図表14－5は，この実験でなされた情報操作のパターンです。この図表14－5からわかりますように，AIM とそのダミーである EGO は，パケット2では同じ先入先出法を採用しており，パケット3で AIM はそのまま先入先出法で，EGO は，ここで後入先出法に変更しています。また，パケット4では，AIM も後入先出法へ変更し，EGO はそのまま後入先出法です。このような状況設定は，AIM と EGO の比較によって先入先出法から後入先出法への変更の影響を明確に見ることができます。まさに，AIM とそのダミーの EGO とでは，数ある会計方法の変更の中で棚卸原価の配分方法以外異なる点はありません。

図表14－5	情報操作のパターン			
	パケット2	パケット3	パケット4	企業
ツイン	FIFO	FIFO	LIFO	AIM
同一企業	FIFO	LIFO	LIFO	EGO
	FIFO	FIFO	LIFO	BEA
	FIFO	FIFO	LIFO	CAL
	FIFO	FIFO	FIFO	DAM
	FIFO	FIFO	FIFO	FUN

ただし，FIFO は先入先出法で，LIFO は後入先出法

出所：Abdel-khalik and Keller（1979, p.23）

　Abdel-khalik 及び Keller は，２つのサンプルを設定し，第１のサンプルでは
銀行信託投資役員のみ被験者として選抜し，第２のサンプルでは３分の２は証
券仲介業社の投資研究役員で，残りは，銀行と保険会社の証券アナリストで構
成されました。これらの被験者は，それぞれ財務諸表分析に長けており，いわ
ゆる専門家として，一般の投資者に助言しています。

　この場合，パケット３において，機能的固定仮説ならば，企業 AIM の純利
益が先入先出法を採用しているだけ，そのツインである企業 EGO の純利益
（後入先出法を採用している）よりも，有意に大きいとみなし，投資者は，企業
AIM の株式を購入することになります。すなわち，企業 AIM の期待収益率
の方が企業 EGO の期待収益率よりも有意に大きくなると予想します。

　一方，透視仮説は，企業 AIM の純利益と企業 EGO の純利益の背後にある
キャッシュ・フローの同質性（節税の効果が有意でない場合）を見通すことから，
その会計情報（企業 EGO の先入先出法から後入先出法への変更）が両社の期待収益
率にはなんら影響しないと予想します。

　また，企業 EGO における後入先出法への変更による節税効果が有意なら
ば，むしろ，企業 EGO の期待収益率の方が企業 AIM の期待収益率よりも有
意に大きくなると考えられます。

　図表 14 − 6 は，パケット２からパケット４までの企業 AIM とそのツイン
の企業 EGO のそれぞれの期待収益率の相違の有意性についてのパラメトリッ
ク検定の結果です。検定の結果，パケット２の状況（両社とも先入先出法のケー
ス）では，両社の期待収益率には何ら有意な相違はありません。また，パケッ
ト４の状況（両社とも後入先出法のケース）でも，両社の期待収益率には何ら有意
な相違はありません。しかるに，パケット３（企業 AIM が先入先出法で企業 EGO
が後入先出法のケース）では，企業 AIM の期待収益率は，企業 EGO の期待収益
率よりも有意に高いことが検証されています。

図表 14 − 6	異なる会計方法を採用した同一企業（AIM と EGO）の期待収益率間の相違の有意性についての検定		

	パケット 2**	パケット 3**	パケット 4**
第1サンプル：期待（RR（A)-RR（E))			
N=29 di の平均	-0.0091	0.0396	0.0214
標準偏差	0.0074	0.0184	0.0251
t 統計	-1.22	2.15	0.85
有意性の確率 *	0.23	0.04	0.40
第2サンプル：期待（RR（A)-RR（E))			
N=23 di の平均	-0.0095	0.1568	0.0272
標準偏差	0.0114	0.0345	0.0258
t 統計	-0.84	4.55	1.06
有意性の確率 *	0.41	0.0001	0.30
両方のサンプル:期待（RR（A)-RR（E))			
N=61 di の平均	-0.0093	0.1011	0.0245
標準偏差	0.0069	0.0213	0.018
t 統計	-1.35	4.74	1.37
有意性の確率 *	0.18	0.0001	0.18

*ここでの有意性は，文字通りであります。というのは，それはランダム発生の確率を意味するからです。**パケット2で，AIM と BGO は FIFO にありました。パケット3では EGO は LIFO に変更しました。パケット4では両方とも LIFO でした。

出所：Abdel-khalik and Keller（1979, p.37）

　これは，投資者が会計方針の変更によって誤った投資行動をとるという機能的固定仮説を支持する結果です。

　図表14 − 7は，パケット2からパケット4までの企業 AIM とそのツインの企業 EGO のそれぞれの期待収益率の相違の有意性についてのノンパラメトリック検定の結果です。

　検定の結果，パケット2（両社とも先入先出法のケース）とパケット4（両社とも後入先出法のケース）の両方とも前述と同様に，両社の期待収益率には有意な相違は見られませんでした。しかしながら，前述のパラメトリック検定と同様に，パケット3（企業 AIM が先入先出法で企業 EGO が後入先出法のケース）では，企

| | 図表 14 − 7 | 異なる会計方法を採用した同一企業（AIM と EGO 期待収益率間の相違の符号についての検定 |

	パケット 2	パケット 3	パケット 4
ER_i の方向（AIM-EGO）			
第 1 サンプル：$(n_1=29)$			
符号：0	10	3	6
+	9	23	16
-	10	3	7
符号化された観察値だけの Z^* 統計	0.5	3.7	1.66
両側検定 * 有意性水準	0.617	0.0001	0.097
第 2 サンプル：$(n_2=29)$			
符号：0	17**	6	8
+	7	18	13
-	7	7	10
符号化された観察値だけの Z^* 統計	0	2.0	0.41
両側検定 * 有意性水準	1.00	0.046	0.68

*Z 値は，連続性の訂正を有する 2 項分布の名目近似値であります。** 多くの "0" 相違を有することは，帰無仮説を "棄却しない" 結論を強化するだけです。というのは，ア・プリオリにパケット 2 には全く相違がないはずだからです。

出所：Abdel-khalik and Keller（1979，p.39）

業 AIM の期待収益率は，企業 EGO の期待収益率よりも有意に高いことが検証されています。この検定結果も，投資者が会計方針の変更によって誤った投資行動をとるという機能的固定仮説を支持しています。

　このような機能的固定仮説は，行動経済学または神経経済学において前提としている，経済人の限界合理性にもとづいているものと考えられます。

　限界合理性の理論では，個々の意思決定者の情報処理能力は限られていると考えられます。したがって，個々の意思決定者は，意識的にまたは無意識的に情報処理を偏らせて情報処理能力を節約するように行動します。これが行動経済学のヒューリスティクスです。ヒューリスティクスによって，個々の意思決定者は，多くの場合に満足のいく意思決定をおこなうことが可能であります

が，その決定は常に正しいとは限りません。むしろ，ヒューリスティクスによって誤った意思決定をおこなう可能性がつきまとうといえるのです。

14－5．合理的な投資者に理解可能な会計情報

　合理的な投資者（または合理的な経済人）とは，いったいどのような人間を意味するのでしょうか。そして，合理的な投資者に必要な会計情報とはいかなるものを指すのでしょうか。

　ここでは，友野が指摘している，合理的な投資者の情報処理プロセスをヒントに考察することにします。友野によると，人間の情報処理プロセスは直感的部分と分析的部分によって形成され，いわゆる，「二重プロセス理論」で捉えることができます。この二重プロセスとは，システムⅠという，直感的，連想的，迅速，自動的，感情的，並列処理，労力がかからない等の特徴を持っているシステムと，システムⅡという分析的，統制的，直列処理，規則支配的，労力を要するといった特徴を有するシステムの二つのシステムから構成されています。

　システムⅠは一般的な広い対象に適用されるシステムであり，人間と動物の両方が持っているシステムです。一方，システムⅡはシステムⅠよりずっと遅れて進化した人間固有のシステムであり，標準的な経済学が前提としている経済人は，システムⅡだけを備えた人間です。

　したがって，企業の外部利害関係者である投資者が標準的な経済学の想定している合理的経済人ならば，もしも，会計方針が変更され，それによって，利益等に対する影響額が注記されたならば，システムⅡによって，注記を分析することで，正確な期間比較をおこなうことができるはずです。

　これまで，会計方針を変更した場合の会計情報は，貸借対照表や損益計算書のほかに，前述しましたように，注記による，(a) 変更した旨，(b) 変更した理由，及び (c) 変更が財務諸表に及ぼした影響についての情報を加えたものと考えられます。そして，投資者は，かような会計情報を入手することによっ

て，的確な投資意思決定ができると考えられてきたと思われます。この背景に
ある思考は，投資者を合理的な経済人と想定していたことになります。

　したがって，合理的な投資者（標準的な経済学が前提としている経済人）を想定す
るならば，企業に関するどのような内容のことであれ，過去に溯って遡及修正
する必要もなく，また，注記の内容をオンバランスすることも要しません。つ
まり注記により情報提供することだけで，十分に投資者に理解可能な会計情報
を提供することができるはずです。

　さすれば，今回の「会計上の変更及び誤謬の訂正に関する会計基準」によっ
て提供される会計情報は，システムⅡによって分析できる合理的な経済人であ
る投資者を第一に想定していないことは明らかです。

14－6．ヒューリスティクスの傾向にある投資者の誤解を 防ぐ会計情報

　「会計上の変更及び誤謬の訂正に関する会計基準」によって提供される会計
情報とは，いかような情報でしょうか。ここでは，「会計上の変更及び誤謬の
訂正に関する会計基準」の適用指針の中から，会計方針の変更で，遡及適用を
おこなう例を取り上げることにします。

設例 3：会計方針の変更（遡及適用を行う場合）

　　＜前提条件＞
　　(1) X 社は当連結会計年度（X4 年 3 月期）より，通常の販売目的で保有する棚卸
　　　　資産（商品及び製品）の評価方法を総平均法から先入先出法に変更しました。
　　(2) 先入先出法を過去の連結会計年度から遡及適用すること（原則的な取扱い）
　　　　は可能です。
　　(3) 前連結会計年度（X3 年 3 月期）の当該棚卸資産の増減について，先入先出法
　　　　を遡及適用した場合の金額と，従来の方法である総平均法との差額及びそれ
　　　　に関する税金費用の影響は次の図表 14－8 のとおりです。なお，払出高はす

べて販売に対応するものです。

(4) 収益性の低下に基づく簿価切下げは考慮しません。また，連結会社相互間の取引による未実現利益に与える影響額も考慮しません。

(5) 発行済株式総数は 6,000 千株です。この他，潜在株式が 30 千株あり，前連結会計年度末時点において希薄化しています。

(6) A 社の連結決算日は 3 月 31 日，法定実効税率は 40%です。

図表 14 − 8　　　会計方針の変更とその影響

(単位：百万円)

	前連結会計年度期首残高	前連結会計年度仕入高	前連結会計年度払出高	前連結会計年度期末残高
総平均法（従来の方法）	140	6,350	6,090	400
先入先出法を遡及適用した場合	200	6,350	6,050	500
税金等調整前当期純利益への影響	60	-	□2 △40	□5 100
法人税等調整額への影響	24	-	□3 △16	6 40
当期純利益への影響	□ 136	-	□4 △24	□7 60

(注) 上記の表中に示した□数字は，比較方式で表した前連結会計年度における連結財務諸表についての影響額との関連を示したものです。詳しくは，適用指針を参照してください。

出所：企業会計基準委員会（2009b, p.9）

前連結会計年度（X3 年 3 月期）における連結財務諸表

(1)　連結貸借対照表（抜粋）

（単位：百万円）

	前連結会計年度 （X2 年 3 月 31 日）	当連結会計年度 （X3 年 3 月 31 日）
資産の部		
流動資産		
商品及び製品	140	400
繰延税金資産	XXX	500
・・・	...	...
純資産の部		
株主資本		
利益剰余金	500	726
・・・	...	...
純資産合計	X, XXX	1, 200

(2)　連結損益計算書（抜粋）

（単位：百万円）

	前連結会計年度 （自　X1年4月 1日 至　X2年3月31日）	当連結会計年度 （自　X2年4月 1日 至　X3年3月31日）
売上高	X, XXX	6, 300
売上原価	X, XXX	6, 090
・・・	...	...
営業利益	XXX	210
・・・	...	...
経常利益	XXX	210
・・・	...	...
税金等調整前当期純利益	XXX	210
法人税、住民税及び事業税	XX	84
法人税等調整額	X	－
法人税等計	XX	84
少数株主損益調整前当期純利益	XXX	126
少数株主利益	XXX	－
当期純利益	XXX	126

当連結会計年度（X4 年 3 月期）における連結財務諸表

(1)　連結貸借対照表（抜粋）

（単位：百万円）

	前連結会計年度 （X3 年 3 月 31 日）	当連結会計年度 （X4 年 3 月 31 日）
資産の部		
流動資産		
商品及び製品	500	XXX
繰延税金資産	460	XXX
・・・	…	…
純資産の部		
株主資本		
利益剰余金	786	XXX
・・・	…	…
純資産合計	1,260	X,XXX

(2)　連結損益計算書（抜粋）

（単位：百万円）

	前連結会計年度 （自　X2年4月　1日 　至　X3年3月31日）	当連結会計年度 （自　X3年4月　1日 　至　X4年3月31日）
売上高	6,300	X,XXX
売上原価	6,050	X,XXX
・・・	…	…
営業利益	250	XXX
・・・	…	…
経常利益	250	XXX
・・・	…	…
税金等調整前当期純利益	250	XXX
法人税、住民税及び事業税	84	XX
法人税等調整額	16	X
法人税等計	100	XX
少数株主損益調整前当期純利益	150	XXX
少数株主利益	－	－
当期純利益	150	XXX

　このように，過去に遡及適用された場合，少なくとも，ヒューリスティクスの傾向のある投資者のうち，注記を読みすごすものの，貸借対照表と損益計算書を期間比較して分析できる者は，これまで誤った意思決定をしていたかも知れませんが，「会計上の変更及び誤謬の訂正に関する会計基準」により，合理的に投資意思決定することができるようになると思われます。むろん，ヒューリスティクスには，様々な段階で考えることができ，貸借対照表や損益計算書

も投資意思決定のさいに，情報として入手しない投資者に至っては，「会計上の変更及び誤謬の訂正に関する会計基準」は，全く意味のないことになるでしょう。

14－7．小　括

経済学では，従来の合理的経済人に対する非現実性から，限界合理性を前提とする行動経済学や神経経済学といった新しい分野が台頭してきています。そのような中，「会計上の変更及び誤謬の訂正に関する会計基準」においても，決算報告書によって提供される会計情報について，限界合理性を前提とする経済人を想定している傾向が見られます。

その背景として，証券市場が効率的であるか否かに関わらず，個々人のレベルにおいて，少なからず投資者が，限界合理性にもとづいて行動していることが自明になりつつあることがあげられます。

またさらに，ここで取り上げた会計方針の変更に関して，これまでの注記による情報提供から，過去に遡及適用することに改善することは，ヒューリスティクスの傾向のある経済人でなく，合理的な投資者にとっても，より理解しやすいことになる点でかわりないといえるでしょう。証券市場が効率的であるとするならば，その効率性は，この「会計上の変更及び誤謬の訂正に関する会計基準」によって，より増す可能性が高いと思われます。

なぜならば，コミュニケーションの2段階説が機能しているか否かに関わらず，個々の投資者が，会計情報の改善（誤解をできるだけ防ぐこと）によって，ヒューリスティクスによって誤った投資意思決定する可能性が減少するならば，証券市場はより効率的になると考えられるからです。

【注】

1）本章は，中央大学『経理研究』第54号「会計方針の変更と投資意思決定―行動経済学アプローチ―」を加筆修正したものです。

2）企業会計原則・一般原則五。会計方針の変更についての実証研究は，情報利用者サイドの研究と情報提供者サイドについての研究があります。

3）詳しくは，桜井（2009，p.63）を参照してください。また，桜井は，次のように述べています「ただし継続性の原則のもとでも，次の場合には会計処理方法の変更が行われる。第1は，会計基準の改正に伴う変更である。たとえば会計基準の改正により，今後は認められなくなった方法を従来から採用してきた企業は，別の方法へ変更せざるをえない。第2は，それ以外の場合における正当な理由に基づく変更である。この第2のタイプの変更が正当と認められるためには，次の2要件が満たされなければならない（会計上の変更及び誤謬の訂正に関する会計基準の適用指針6項）。①企業の事業内容の変化や企業内外の環境変化に対応した変更であること②その変更により，取引や事象の影響は財務諸表に，より適切に反映するために行うものであること」（桜井，2010，p.63）。

4）桜井（2009，p.63）。

5）「会計上の変更及び誤謬の訂正に関する会計基準」では，次のように述べられています。「会計方針の変更を会計上の見積りの変更と区別することが困難な場合については，会計上の見積りの変更と同様に取り扱い，遡及適用は行わない。ただし，注記については，第11項（1），（2）及び前項（2）に関する記載を行う。」（第19項）「有形固定資産等の減価償却方法及び無形固定資産の償却方法は，会計方針に該当するが，その変更については前項により取り扱う。」（第20項）。桜井（2010，p.184）を参照してください。

6）桜井（2010，p.183）。

7）桜井（2010，p.183）。

8）詳しくは，桜井（2010，p.185）を参照してください。

9）詳しくは，桜井（2010，p.184）を参照してください。

10）Watts and Zimmerman（1986）を参照してください。

11）詳しくは，友野（2006，pp.93-94）を参照してください。

12）友野（2006，p.94）。

13）依田（2010，p.19）。

14）依田（2010，p.23）。

15）友野（2006，p.68）。

16）「代表性ヒューリスティクス」とは，ある集合に属する事象がその集合の特性をそのまま表わしているという意味で，代表していると考えて，頻度や確率を判断する方法です。

また,「利用可能性ヒューリスティクス」とは, ある事象が出現する頻度や確率を判断する時に, その事象が生じたと容易にわかる事例を思い出し, それにもとづいて判断することです。詳しくは, Kahneman and Frederick（2004）を参照してください。

17）詳しくは, Sunder（1973, 1975）そして Biddle and Lindahl（1982）を参照してください。

18）サンプルは, 1946 年から 1966 年までの間に他の方法から後入先出法に変更した 118 社と, 後入先出法から他の方法へ変更した 21 社からなっています。各月の累積異常収益率は, 市場モデルをもとに計算された残差であり, それをクロスセクションで平均し, 0 月前後の各月の平均異常収益率を算定します。

19）詳しくは, Sunder（1975）を参照してください。

20）詳しくは, Biddle and Lindahl（1982）を参照してください。

21）サンプルとして 1973 年から 1980 年までに後入先出法へ変更した企業 311 社を抽出している。そこで Biddle 及び Lindahl は, サンプルの投資収益データと会計利益データを使って実証研究をしています。

22）詳しくは, Abdel-khalik and Keller（1979）を参照してください。彼らは, 本章で取り上げている棚卸資産の原価配分について, その会計方針の変更（先入先出法から後入先出法への変更）と投資者の投資行動を個人レベルで検証しています。

結　び

　なぜ経営者はかような財務諸表開示行動をおこなっているのでしょうか。本書ではその全てではないものの，企業の公表する財務諸表の情報提供に含められていると考えられる行動経済学的な内容を仮説演繹法で明らかにしています。

　とりわけ，極端に著しい選択行為の相違点（流動性配列法と固定性配列法，機能別区分と性質別区分，報告式と勘定式，１計算書方式と２計算書方式，間接法と直接法，第１法と第２法）に着目し，後半の章では，前半で説明した行動経済学の内容である，プロスペクト理論，フレーミング効果，同調効果，初頭効果，アンカリング効果，デフォルト効果（初期設定効果），現状維持バイアスなどからこれまで説明がなされてこなかった経営者の財務諸表開示行動をより説得的に説明を試みたつもりです。

　さらに，第13章では，実験室でおこなわれる実験結果と証券市場の効率性の矛盾をとく１つの試みをおこなっています。また，第14章では，日本の会計基準が，行動経済学におけるヒューリスティクスを情報利用者がおこなうことを想定していることを明らかにしています。

　なお，本書では，ある意味で性善説にたっており，経営者が，会計情報利用者に有用な会計情報を提供することを前提に論じていますが，性悪説にたつならば，わざとわかりにくい財務諸表（たとえばキャッシュ・フロー計算書の間接法など）を提供しているという解釈も成り立つかもしれません。かような考え方については，今後の研究テーマとしたいと思っています。

　なお，本書は，主に次の諸論文を加筆・修正して執筆したものです。

第 1 章　プロスペクト理論
　　　　本書書下ろし
第 2 章　メンタル・アカウンティング
　　　　本書書下ろし
第 3 章　フレーミング効果
　　　　本書書下ろし
第 4 章　デフォルト効果（初期設定効果）
　　　　本書書下ろし
第 5 章　初頭効果・親近効果
　　　　本書書下ろし
第 6 章　同調効果とスノッブ効果
　　　　本書書下ろし
第 7 章　貸借対照表の流動性配列法と固定性配列法の選択
　　　　『駿河台大学論叢』56 号「経済心理からみる経営者財務会計行動論　流動性
　　　　配列法と固定性配列法の選択」
第 8 章　損益計算書の機能別区分と性質別区分の選択
　　　　『駿河台経済論集』第 28 巻第 1 号「行動経済学からみる経営者財務会計行
　　　　動論　損益計算書における機能別区分と性質別区分の選択について」
第 9 章　勘定式と報告式の選択
　　　　『比較法文化』第 25 号「経済心理からみる経営者財務会計行動論　勘定式
　　　　と報告式の選択（1）」
　　　　『駿河台大学論叢』第 62 号「経済心理からみる経営者財務会計行動論　勘
　　　　定式と報告式の選択（2）」
第 10 章　包括利益計算書の 1 計算書方式と 2 計算書方式の選択
　　　　『駿河台経済論集』第 27 巻第 2 号「行動経済学からみる経営者財務会計行
　　　　動論　包括利益と純利益の開示方法の選択について」
第 11 章　キャッシュ・フロー計算書の間接法と直接法の選択
　　　　『駿河台大学論叢』第 57 号「経済心理からみる経営者財務会計行動論
　　　　キャッシュ・フロー計算書の間接法と直接法の選択について」
第 12 章　キャッシュ・フロー計算書の間接法の開示方法
　　　　『駿河台経済論集』第 29 巻第 1 号「行動経済学からみる経営者財務会計行
　　　　動論：キャッシュ・フロー計算書の開示方法の選択について」
第 13 章　投資者行動（1）
　　　　『駿河台経済論集』第 14 巻第 1 号「会計利益情報と株式市場のアノマリー：
　　　　行動ファイナンスアプローチに対して」
第 14 章　投資者行動（2）
　　　　『経理研究』第 54 号「会計方針の変更と投資意思決定─行動経済学的アプ
　　　　ローチ─」

参考文献

【外国文献】

Abdel-khalik and Keller, Earnings or Cash Flows: An Experiment on Functional Fixation and the Valuation of the Firm, Studies in Accounting Research 16, American Accounting Association, 1979.

Alexander, S. S., "Price Movements in Speculative Markets: Trends or Random Walk," *Induatrial Management Review*, Vol.2, May 1961, pp.7-26.

American Accounting Association, Committee to Prepare A Statement of Basic Accounting Theory A Statement on Basic Accounting Theory, Evanston, American Accounting Association, 1966. 飯野利夫訳『基礎的会計理論』国元書房, 1969 年.

Asch, S. E., "Forming Impressions of Personality," *Journal of Abnormal and Social Psychology*, No.41, 1946, pp.258-290.

Asch, S. E., *Social psychology*. Englewood Cliffs, NJ: Prentice Hall, 1952.

Asch, S. E., "Opinions and social pressure" *Scientific American*, Vol.193, No.5, 1955, pp.31-35.

Asch, S. E, "Effects of Group Pressure Upon the Modification and Distortion of Judgements," In H. Guetzkow (ed.) *Groups, Leadership, and Men*, 1951, pp.222-236.

Ball, R. J. and P. Brown, "An Emprical Evaluation of Accounting Income Numbers," *Journal of Accounting Research*, Vol.6, No.2 (Autumn, 1968), pp.159-178.

Banz, R, "The Relationship between Return and Market Value of Common Stocks," *Journal of Financial Economics*, Vol.9, No.1, 1981, pp.3-18.

Bar-Hillel, M., "On the Subjective Probability of Compound Events," *Organaizational Behavior and Human Performance*, No.9, 1973, pp.396-406.

Basu, S., "Investment Performance of Common Stocks in Relation to their Price-Earnings Ratio: A Test of the Efficient Market Hypothesis, *Journal of Finance*, Vol.32, No.3, (June, 1977) pp.663-682.

Beaver, William H., "The Information Contents of Annual Earnings Announcements," *Journal of Accounting Research*, Vol.6 (Supplemnt, 1968), pp.67-92.

Biddle, G. C., and F. W. Lindahl., "Stock Price Reactions to LIFO Adoptions: The Association Between Excess Returns and LIFO Tax Savings," *Journal of Accounting Research*, Vol.20, No.2, (Autumn, 1982, Part II), pp.551-588.

Brown, P., A. W. Kleidon and Marsh, T. A., "New Evidence on the Nature of Size-Related Anomalies in Stock Prices," *Journal of Financial Economics*, Vol.12, No.1, 1983, pp.33-56.

Chan, K., L. K. C. Chan, N. Jegadeesh, and J. Lakonishok., "Earnings Quality and Stock Return: The Evidence from Accruals," Working Paper, National Taiwan University and University of Illinois at Urbana-Champaign, 2001.

Deutsch, M., & Gerard, H. B., A study of normative and informational social influences upon individual judgment. *The Journal of Abnormal and Social Psychology*, Vol.51, No.3, 1955, pp.629-636.

Fama, E. F., "The Behavior of Stock Market Prices," *Journal of Business*, Vol.38 (January, 1965), pp.34-105.

Fama, E. F., and M. E. Blume, "Filter Rules and Stock-Market Trading," *Journal of Business*, Vol.39, Supplement (January, 1966), pp.226-241.

Fama, E. F., L. Fisher, M. C. Jensen and R. Richard, "The Adjustment of Stock Prices to New Information," *International Economic Review*, Vol.10 (Feburary, 1969). pp.1-21.

Glutekin, M. N. and Glutekin, N. B, "Stock Market Seasonality:International Evidence," *Journal of Financial Economics*, Vol.12, 1983, pp.469-481.

Granger, C. W. and O. Morgenstern, "Spectal Analysis of New York Stock Market Prices," *Kyklos*, 1963.

Jackson, G and H. Miyajima, 'Introduction' in Aoki, M, G. Jackson and H. Miyajima (eds) Corporate Governance in Japan: Institutional Change and Organizational Diversity, Oxford University Press. ch.1, 2007, pp.1-47.

Jaffe, J. F., "Special Information and Insider Trading" *Journal of Business*, Vol.47 (July, 1974), pp.410-428.

Johnson E. J. and Daniel G. Goldstein, "Defaults and Donation," Vol.78, No.12, 2004, pp.1713-1716.

Kahneman, D., and Tversky, A., "Prospect Theory: An Analysis of Decision under Risk," *Econometrica*, Vol.47, No.2, (March, 1979), pp.263-291.

Kahneman, D., & Frederick, S. Attribute substitution in intuitive judgment. In M. Augier & J. G. March (Eds.), *Models of a man: Essays in memory of Herbert A. Simon* (2004) (pp.411-432). Cambridge, MA: MIT Press.

Kahneman, D., *Thinking, Fast and Slow.*, Random House Audio, 2011.

Kelly Lauren, "The Development of a Positive Theory of Corporate Management's Role in External Financial Reporting," *Journal of Accounting Literature*, Vol.2, 1983, pp.111-149.

Lakonishok, J. and S. Smidt, "Are Seasonal Anomalies Real? A Ninety-Year Perspective," *Review of Financial Studies*, Vol.1, No.4, 1989, pp.403-425.

Lakonishok, J., A. Shleifer, and R. Vishny, "Contrarian Investment, Extrapolation, and Risk," *Journal of Finance*, Vol.49, No.5, 1994, pp.1541-1578.

Leibenstein, H., "Bandwagon, Snob, and Veblen Effect in the Theory of Consumer's Demand." *Quarterly of Consumer Research*, 9, pp.183-194. 1952.

Mandelker, G., "Risk and Return: The Case of Merging Firms," *Journal Financial Economics*, (December, 1974) pp.303-335.

Moore, Arnold B., *Some Characteristics of Changes in Common Stock Prices, in Paul H. Cootner, The Random Character of Stock Market Prices*, The M. I. T. Press, 1964.

Nicholson, S. F., "Price-Earnings Ratios," *Financial Analysts Journal*, July/August, 1960, pp.43-50.

Prakash, Prem, and Alfred Rappaport, "Information Inductance and Its Significance for Accounting," *Accounting, Organization and Society*, Vol.2, no.1, 1977, pp.29-38.

Quattrone, G. A., & Tversky, A., "Contrasting rational and psychological analyses of political choice." *American Political Science Review*, No.82 (1988) , pp.719-736.

Richardson, S. A., R. G. Slaon, M. Soliman, and A. I. Tuna, "Information in Accruals about the Quality of Earnings," Working Paper, University of Michigan, 2001.

Russell, T., and R. H. Thaler. 1985. "The Relevance of Quasi-Rationality in Competitive Markets." *American Economic Review*, Vol.75, No.5 (December), pp.1071-1082.

Scholes, Myron S., "The Market for Securities: Substitution Versus Price Pressure and Effects of Information on Share Prices," *Journal of Business*, Vol.45, (April, 1972), pp.179-211.

Shafir, E., P. Diamond and A. Tversky, "Money Illusion," *Quarterly Journal of Economics*, Vol.112, 1997, pp.341-374.

Sloan, R. G., "Do Stock Prices Fully Reflect Information in Accruals and Cash Flows about Future Earnings," *The Accounting Review*, Vol.71, No.3 (July, 1996) pp.289-315.

Sunder, S., "Relationship Between Accounting Changes and Stock Prices: Problems of Measurement and Some Empirical Evidence," *Empirical Research in Accounting*: Selected Studies 1973, supplement to Vol.11 of *Journal of Accounting Research*, 1973, pp.1-45.

Sunder, S., "Stock Price and Risk Related to Accounting Change in Inventory Valuation," *Accounting Review*, 50, April, 1975, pp.305-315.

Thaler, Richard H. and Johson, Eric J, "Gambling with House Money and Trying to Break Even : The Effects of Prior Outcomes on Risky Choice," *Management Science*, Vol.36, No.6 (Jun, 1990) , pp.643-660.

Tversky, A. and Kahneman, D. "Judgments Under Uncertainty: Heuristics and Biases", *Science*, 185, 1974, pp.1124-1131.

Tversky, A., and Kahneman, D. "The Framing of Decision and the Psychology of Choice," *Science*, No.211, 1981, pp.453-458.

Wachtel, S. B. "Certain Observations on Seasonal Movement in Stock Prices," *Journal of Business*, Vol.15, 1942, pp.184-193.

Watts Ross, and L. Zimmerman, Positive Accounting Theory, Prentice- Hall, 1986.

【日本文献】

依田高典『行動経済学 感情に揺れる経済心理』中央公論新社，2010 年。

井上良二『会計社会学』中央大学出版部，1984 年。

井上良二「説明理論としての会計理論」『産業経理』第 44 巻第 1 号，1984 年，pp.61-72。

井上良二『財務会計論』新世社，1995 年。

上田　泰『個人と集団の意思決定—人間の情報処理と判断ヒューリスティックス—』文眞堂，1997 年。

遠藤秀紀「IASB 討議資料の提案によるキャッシュフロー情報の開示」『国際会計研究学会年報 2010 年度』2010 年，pp.99-116。

大江英樹『その損の 9 割は避けられる』三笠書房，2014 年。

岡田純一「経営者会計行動論の構築に向けて」『経営行動』第 4 巻 1 号，1989 年，pp.43-50。

小川徳子・木原香代子「系列位置効果を妨げる要因」『立命館文學』第 635 号，2014 年，pp.148-155。

大澤栄子・奥村真人「IFRS 適用時の表示・開示上の留意点②」『情報センサー』第 87 巻 11 月号，pp.12-13。

柏岡佳樹「IFRS 任意適用企業の開示について 第 2 回貸借対照表・包括利益計算書（損益計算書）」『情報センサー』第 109 巻 11 月号，2015 年，pp.8-9。

加藤英明『行動ファイナンス—理論と実証—』朝倉書店，2003 年。

鎌原正彦・武綱誠一郎『やさしい教育心理学』有斐閣アルマ，1999 年。

河合由佳理『包括利益と国際会計基準』同文舘出版，2010 年。

桜井久勝『財務会計講義 第 10 版』中央経済社，2009 年。

桜井久勝『財務会計講義 第 11 版』中央経済社，2010 年。

桜井久勝『財務会計講義 第 16 版』中央経済社，2015 年。

桜井久勝『財務会計講義 第 17 版』中央経済社，2016 年。

桜井久勝『財務会計講義 第 19 版』中央経済社，2018 年。

澁谷　覚「オピニオン・リーダーシップと個人的影響—オピニオン・リーダーシップに対するプロセス・アプローチの視点—」『新潟大学経済論集』第 74 号，2003 年，pp.73-90。

末永俊郎編『社会心理学研究入門』東京大学出版会，1987 年。

須田一幸「ファイナンス理論と会計利益」『企業会計』Vol.55，No.9，2003 年，pp.32-42。

田崎篤郎「初期の代表的研究」田崎篤郎・児島和人編著『マス・コミュニケーション効果研究の展開』第2章，北樹出版，2003年。

ダンフォード・S・ハワード『不合理な地球人 お金とココロの行動経済学』朝日新聞出版，2010年。

友野典男『行動経済学 経済は「感情」で動いている』光文社新書，2006年。

中原竜次『財務会計基礎理論 財務会計理論の基礎を学ぼう』デザインエッグ社，2018年。

柳川範之「終身雇用という幻想を捨てよ 産業構造変化に合った雇用システムに転換を」『NIRA研究報告書』2009年，pp.4-14。

湯浅由一「日本の株式市場についての実証分析―近年における「外国人」の投資行動―」『駿河台経済論集』第11巻第2号，2002年，pp.37-53。

吉岡正道・徳前元信・大野智弘・野口教子「包括利益の導入による業績概念の変化 2011年度包括利益に関するアンケート調査研究」『産業経理』第71巻第3号，2011年，pp.150-167。

若林公美『包括利益の実証研究』中央経済社，2009年。

【インターネット文献】

「科学辞典」「フレーミング効果」＜ http://kagaku-jiten.com/cognitive- html psychology/higher-cognitive/framing-effect. ＞ 2017.7.7 参照。

「新日本有限責任監査法人 ナレッジセンター・リサーチ」「営業活動によるキャッシュ・フローを直接法にて開示している会社」＜ https://www.shinnihon.or.jp/corporate-accounting/case- study/2012/ 2012-09-24.html ＞ 2012.9.24 更新。

税務研究会「『包括利益計算書』2 計算書方式が大多数」＜ http://www.zeiken.co.jp/news/1433282.php ＞ 2011.05.23 更新

「日本 NLP 協会」「NLP とは」＜ https://www.nlpjapan.org/nlp.html ＞ 2023.4.6 参照。

「東京商工リサーチ」＜ http://www.tsr-net.co.jp/news/analysisl 2012/1215993_20/04.htm ＞ 2011 年 12 月 13 日参照。

広川敬祐「IFRS が IT に及ぼす影響 財務諸表の表示―費用分類」＜ https://www.keieiken.co.jp/ifrs/study/fs.html ＞ 2018.04.13 参照。

【会計基準等】

企業会計基準委員会「会計上の変更及び誤謬の訂正に関する会計基準」（企業会計基準第24号），2009a年。

企業会計基準委員会「会計上の変更及び誤謬の訂正に関する会計基準の適用指針」（企業会計基準適用指針第24号），2009b年。

索　引

《著者紹介》

孔 炳龍（Kong Byeong Yong）

1987 年 中央大学商学部会計学科卒業。
中央大学大学院商学研究科博士前期課程入学。
1993 年 中央大学大学院商学研究科博士後期課程満期退学。
小樽女子短期大学（1999 年～小樽短期大学の校名変更）経営実
務科専任講師・助教授を経て，
2004 年 駿河台大学経済学部助教授。
2006 年 駿河台大学経済学部教授。
2009 年 博士（会計学・中央大学）。
2013 年 駿河台大学経済経営学部教授。
延世大学校経営大学客員教授（2013 年 8 月～ 2014 年 3 月）。

主要著書

『ファーストステップ簿記 3 級 問題集』創成社，2023 年。
『法人税法概論—法的ロジックと税務情報—』（共著）創成社，2022 年。
『時価会計論 2 つの時価会計』創成社，2021 年。
『会計情報と簿記原理』創成社，2020 年。
『一般意味論からみる簿記原理』創成社，2014 年。
『経営者利益予測情報論—包括利益の有用性について—』森山書店，2008 年。
『改訂版 財務会計論』（共著）税務経理協会，2014 年。
『財務会計の進展』（共著）税務経理協会，1999 年。

（検印省略）

2023 年 8 月 30 日 初版発行 略称—財務諸表

財務諸表開示行動と投資者心理

著 者 孔 炳龍
発行者 塚田尚寛

発行所 東京都文京区
春日 2-13-1 **株式会社 創成社**

電 話 03（3868）3867 Ｆ Ａ Ｘ 03（5802）6802
出版部 03（3868）3857 振 替 00150-9-191261
http://www.books-sosei.com

定価はカバーに表示してあります。

組版：スリーエス 印刷・製本：🦅

落丁・乱丁本はお取り替えいたします。

簿記・会計学選書

財 務 諸 表 開 示 行 動 と 投 資 者 心 理	孔　　炳　　龍	著	2,300 円
法 人 税 法 概 論 — 法 的 ロ ジ ッ ク と 税 務 情 報 —	渡　辺　　　充 高野　一・孔 炳龍	監修 著	2,600 円
時 価 会 計 論 — 2 つ の 時 価 会 計 —	孔　　炳　　龍	著	2,700 円
会 計 情 報 と 簿 記 原 理	孔　　炳　　龍	著	2,400 円
複 式 簿 記 の 理 論 と 計 算	村田直樹・竹中　徹 森口毅彦	編著	3,600 円
複 式 簿 記 の 理 論 と 計 算　問 題 集	村田直樹・竹中　徹 森口毅彦	編著	2,200 円
新 し い 企 業 会 計 の 内 容 と 形 式	村　田　直　樹	著	1,500 円
簿 記 の 基 礎 問 題 集	村　田　直　樹	編著	1,700 円
簿 記 原 理 入 門	金井繁雅・海老原諭	著	1,900 円
高度会計人のための初級簿記テキスト	菊谷・内野・井上 田中・三沢	著	1,800 円
企 業 簿 記 論	森　・長吉・浅野 石川・蒋　・関	著	3,000 円
新 簿 記 入 門 ゼ ミ ナ ー ル	山下壽文・日野修造 井上善文	著	1,900 円
会 計 入 門 ゼ ミ ナ ー ル	山　下　寿　文	編著	2,900 円
管 理 会 計 入 門 ゼ ミ ナ ー ル	高　梠　真　一	編著	2,000 円
イ ン ト ロ ダ ク シ ョ ン 簿 記	大野・大塚・徳田 船越・本所・増子	編著	2,200 円
ズバッと解決！ 日商簿記検定3級商業 簿記テキスト—これで理解ばっちり—	田邉　正・矢島　正	著	1,500 円
厳選　簿記3級問題集〈徹底分析〉	く ま た か　優	著	1,200 円
明 解 簿 記 講 義	塩　原　一　郎	編著	2,400 円
入 門 商 業 簿 記	片　山　　覚	監修	2,400 円
中 級 商 業 簿 記	片　山　　覚	監修	2,200 円
入 門 ア カ ウ ン テ ィ ン グ	鎌　田　信　夫	編著	3,200 円

(本体価格)

創　成　社